LIBËR GATIMIN CHIMICHURRI

Nga klasikët e skarës deri tek kthesat bashkëkohore, zbuloni 100 recetat CHIMICHURRI

Ylli Balliu

Materiali për të drejtat e autorit ©2024

Të gjitha të drejtat e rezervuara

Asnjë pjesë e këtij libri nuk mund të përdoret ose transmetohet në çfarëdo forme apo mjeti pa pëlqimin e duhur me shkrim të botuesit dhe pronarit të së drejtës së autorit, përveç citimeve të shkurtra të përdorura në një përmbledhje. Ky libër nuk duhet të konsiderohet si zëvendësim i këshillave mjekësore, ligjore ose të tjera profesionale.

TABELA E PËRMBAJTJES

TABELA E PËRMBAJTJES..3
PREZANTIMI...7
SALCA CHIMICHURRI...9
1. CHIMICHURRI KLASIK..10
2. SALCË CHIMICHURRI ME SUPË VIÇI..12
3. CHIMICHURRI VERDE..14
4. CHIMICHURRI HUNGAREZ...17
5. MARADONA CHIMICHURRI..19
6. CITRUS CHIMICHURRI...21
7. SMOKY CHIPOTLE CHIMICHURRI...23
8. GËLQERE MJALTË CHIMICHURRI...25
9. AVOKADO CHIMICHURRI..27
10. MANGO HABANERO CHIMICHURRI......................................29
11. PIPER I KUQ I PJEKUR CHIMICHURRI...................................31
12. MENTA ANANASI CHIMICHURRI..33
13. DOMATE BORZILOKU CHIMICHURRI....................................35
14. MANGO MINT CHIMICHURRI...37
15. ARRË PISHE CHIMICHURRI..39
16. CHIMICHURRI ME HUDHËR TË PJEKUR...............................41
17. LIMON KOPRA CHIMICHURRI..43
18. CILANTRO LIME CHIMICHURRI..45
19. PESTO CHIMICHURRI...47
20. XHENXHEFILI I SUSAMIT CHIMICHURRI.............................49
21. CHIMICHURRI DOMATE TË THARA NË DIELL.....................51
22. JALAPEÑO CILANTRO CHIMICHURRI...................................53
23. THAI BASIL CHIMICHURRI...55
24. ULLIRI MESDHETAR CHIMICHURRI......................................57
25. MENTE ME MJEDËR CHIMICHURRI.......................................59
26. MANGO PIKANTE CHIMICHURRI..61
27. FASULE E ZEZË CHIMICHURRI..63
28. CHIMICHURRI MISËR I PJEKUR..65
29. RANCH CHIMICHURRI...67
30. CURRY KOKOSI CHIMICHURRI...69

31. HONEY SRIRACHA CHIMICHURRI................................71
32. CHIMICHURRI ME DOMATE MESDHETARE....................73
33. SUSAM CILANTRO CHIMICHURRI.................................75
CHIMICHURRI DHE PRODHIMET E DETIT..........................77
34. KARKALECA ME SALCË CHIMICHURRI..........................78
35. SALMONI CHIMICHURRI...80
36. CHIMICHURRI BAKED COD..82
37. CHIMICHURRI KARKALECA SCAMPI................................84
38. KARKALECA ME GJALPË ME HUDHËR CHIMICHURRI......86
39. CHIMICHURRI SCALLOPS TË PJEKURA...........................88
40. KUPAT E ORIZIT TË KAFTË ME PESHK TË SKUQUR DHE CHIMICHURRI..90
41. CHIMICHURRI BAKED HALIBUT......................................93
42. KARKALECA E KOKOSIT CHIMICHURRI..........................95
43. CHIMICHURRI COD PA LEJE..98
44. CHIMICHURRI MAHI MAHI TACOS...............................100
45. ËMBËLSIRA ME GAFORRE CHIMICHURRI.....................103
46. TACOS PESHKU TË PJEKUR NË SKARË CHIMICHURRI...106
47. PESHKU SHPATË CHIMICHURRI I PJEKUR NË SKARË....108
48. SCALLOPS CHIMICHURRI GRILL....................................110
49. BISHTAT E KARAVIDHEVE TË PJEKUR NË SKARË.........112
50. SALMON I PJEKUR NË SKARË CHIMICHURRI................114
51. KALLAMAR CHIMICHURRI I PJEKUR NË SKARË............116
52. CHIMICHURRI MAHI MAHI I PJEKUR NË SKARË...........118
53. BIFTEKË TON CHIMICHURRI TË PJEKUR NË SKARË......120
CHIMICHURRI DHE SALALATA...122
54. CHIMICHURRI SLAW...123
55. SALLATË CHIMICHURRI ME MISH DERRI.....................125
56. SALLATË ME PATATE CHIMICHURRI............................127
57. SALLATË CHIMICHURRI QUINOA.................................129
58. SALLATË ME MISËR CHIMICHURRI..............................132
59. SALLATË ME AVOKADO CHIMICHURRI........................135
60. SALLATË ME MAKARONA CHIMICHURRI.....................137
61. SALLATË ME FASULE TË ZEZË CHIMICHURRI...............139
62. SALLATË ME KASTRAVEC CHIMICHURRI......................142
63. PATATE TË PJEKURA CHIMICHURRI.............................145

CHIMICHURRI DHE SHPEZH..148
64. PALLARDS CHIMICHURRI PULE ME PATATE TË ËMBËL............149
65. PULË E PJEKUR E SË DIELËS ME SALCË CHIMICHURRI...............152
66. KUPAT E PULËS CHIMICHURRI...155
67. GJOKSI I PULËS CHIMICHURRI...158
68. QOFTE CHIMICHURRI GJELDETI..160
69. SKEWERS PULE CHIMICHURRI GRILL...163
70. GJOKS PULE TË MBUSHUR CHIMICHURRI.................................165
CHIMICHURRI DHE MISH..168
71. PJATË ME PERIME CHIMICHURRI NË SKARË............................169
72. BRISKET I PJEKUR NË SKARË ME SALCË CHIMICHURRI..........171
73. BIFTEK I PJEKUR NË SKARË ME FRUTA PASIONI CHIMICHURRI 173
74. TASAT TACO ME MISH QENGJI DHE LULELAKËR TË PJEKUR ME ÇIMIÇURRIN..175
75. BIFTEK CHIMICHURRI I PJEKUR NË SKARË...............................178
76. BËRXOLLA DERRI TË PJEKUR NË SKARË CHIMICHURRI.........180
77. BËRXOLLA QENGJI TË PJEKUR NË SKARË CHIMICHURRI........182
78. KALIFORNI CHIMICHURRI RIB-EYE..184
CHIMICHURRI DHE PERIME..187
79. PERIME TË PJEKURA NË SKARË CHIMICHURRI........................188
80. PICA E BUTË E PYLLIT ME MIKROGJELBËR...............................191
81. SALLATË ME PERIME CHIMICHURRI NË SKARË........................194
82. CHIMICHURRI TOFU I PJEKUR NË SKARË..................................196
83. SKEWERS PERIMESH CHIMICHURRI NË SKARË.......................198
84. KËRPUDHA PORTOBELLO CHIMICHURRI NË SKARË................200
85. CHIMICHURRI SPECA ZILE TË MBUSHURA................................202
86. ANIJE ME KUNGUJ TË NJOMË CHIMICHURRI............................205
87. BIFTEKËT E LULELAKRËS CHIMICHURRI...................................208
88. SHPARG CHIMICHURRI I PJEKUR NË SKARË............................210
89. LAKRAT E BRUKSELIT TË PJEKURA CHIMICHURRI..................212
90. MBËSHTJELLJET ME PERIME CHIMICHURRI.............................214
91. MISËR I PJEKUR NË SKARË CHIMICHURRI................................217
92. CHIMICHURRI RATATOUILLE..219
SUPAT CHIMICHURRI...222
93. SUPË PULE CHIMICHURRI..223
94. SUPË ME FASULE TË ZEZË CHIMICHURRI.................................226

95. SUPË ME THJERRËZA CHIMICHURRI..................................229
96. SUPË ME DOMATE CHIMICHURRI......................................232
97. SUPË ME PERIME CHIMICHURRI..235
98. SUPË ME PATATE CHIMICHURRI..238
99. CHOWDER MISRI CHIMICHURRI..241
100. SUPË ME KUNGUJ ME GJALPË CHIMICHURRI.......................244
PËRFUNDIM..247

PREZANTIMI

Mirë se vini në "LIBËR GATIMIN CHIMICHURRI", pasaporta juaj për të eksploruar botën e gjallë dhe të gjithanshme të salcës chimichurri. Me origjinë nga Argjentina, chimichurri është një erëz aromatike dhe barishtore që është bërë një element kryesor i dashur në kuzhinat anembanë globit. Në këtë libër gatimi gjithëpërfshirës, ju ftojmë të zbuloni mundësitë e pafundme të chimichurri, nga klasikët tradicionalë të pjekjes në skarë deri tek kthesat inovative bashkëkohore.

Salca Chimichurri është një mrekulli e kuzhinës, e njohur për aromën e saj të ndritshme, barishtet aromatike dhe tangën e shijshme. Ndërsa shpesh shoqërohet me mish të pjekur në skarë, shkathtësia e chimichurri nuk njeh kufij. Në këtë libër, do të mësoni se si të përdorni chimichurri për të ngritur një gamë të gjerë pjatash, nga ushqimet e detit dhe perimet deri te makaronat dhe sanduiçet.

Pavarësisht nëse jeni një kuzhinier me përvojë ose një kuzhinier në shtëpi që kërkon t'i shtojë emocionet vakteve tuaja, "LIBËR GATIMIN CHIMICHURRI" ka diçka për të gjithë. Me mbi 100 receta të kuruara me përpikëri për të shfaqur aplikimet e ndryshme të chimichurri, ju do të filloni një udhëtim kulinarie që feston kreativitetin, shijen dhe eksplorimin.

Bashkohuni me ne ndërsa gërmojmë në botën e chimichurri, duke eksploruar historinë e saj të pasur, rëndësinë kulturore dhe potencialin e kuzhinës. Me receta të thjeshta për t'u ndjekur, këshilla të dobishme dhe fotografi mahnitëse për t'ju udhëhequr gjatë rrugës, ky libër gatimi është burimi juaj përfundimtar për të zotëruar artin e chimichurri dhe për ta përfshirë atë në repertorin tuaj të përditshëm të gatimit.

Pra, mblidhni përbërësit tuaj, mprehni thikat tuaja dhe përgatituni të lëshoni shijet e gjalla të chimichurri në kuzhinën tuaj. Pavarësisht nëse po gatuani një festë në oborrin e shtëpisë ose po përgatitni një darkë të shpejtë natën e javës, "LIBËR GATIMIN CHIMICHURRI" është udhëzuesi juaj kryesor për të përjetuar magjinë e kësaj salce ikonike në çdo kafshatë.

Salca CHIMICHURRI

1. Chimichurri klasik

PËRBËRËSIT:
- 1 filxhan gjethe majdanoz të freskët, të prera
- 1/4 filxhan gjethe të freskëta cilantro, të copëtuara
- 3 thelpinj hudhre, te grira
- 1/2 filxhan vaj ulliri
- 2 lugë gjelle uthull vere të kuqe
- 1 lugë çaji rigon të tharë
- 1/2 lugë çaji thekon piper të kuq
- Kripë dhe piper të zi për shije

UDHËZIME:
a) Në një tas, bashkoni majdanozin, cilantro, hudhrën, vajin e ullirit, uthullën e verës së kuqe, rigonin e tharë, thekonet e piperit të kuq, kripën dhe piperin e zi.
b) I trazojmë mirë që të bashkohen.
c) Lëreni chimichurri të qëndrojë për të paktën 30 minuta përpara se t'i shërbeni për të lejuar që shijet të bashkohen.
d) Mbani të gjitha mbetjet në një enë hermetike në frigorifer.

2. Salcë Chimichurri me supë viçi

PËRBËRËSIT:

- 1 filxhan majdanoz i freskët i paketuar lehtë
- $\frac{1}{4}$ filxhan uthull organike të verës së kuqe
- 2 thelpinj hudhre te medha
- $\frac{1}{4}$ filxhan vaj ulliri ekstra të virgjër
- 1 lugë çaji trumzë e tharë
- $\frac{1}{2}$ lugë çaji kripë
- $\frac{1}{4}$ lugë çaji thekon piper të kuq
- $\frac{1}{8}$ lugë çaji piper i zi i sapo bluar
- $\frac{1}{4}$ filxhan lëng mishi me kocka viçi
- $\frac{1}{4}$ avokado e pjekur

UDHËZIME:

a) Vendosini të gjithë përbërësit në një përpunues ushqimi, përziejini për rreth 30 sekonda ose derisa të gjithë përbërësit të kombinohen mirë. Nëse është shumë e hollë sipas dëshirës tuaj, shtoni më shumë avokado. Nëse është shumë e trashë, shtoni më shumë lëng mishi kockash viçi.

b) Hidheni salcën chimichurri në një kavanoz murature 8 ons. Mbulojeni dhe ruani në frigorifer deri në 2 javë.

3.Chimichurri Verde

PËRBËRËSIT:
- 2 gota majdanoz të freskët të grirë
- 1 filxhan cilantro e freskët e copëtuar
- 2 qepë, të dyja pjesët e bardha dhe jeshile, të grira
- 4 thelpinj hudhre, te grira
- 1 djegës i freskët i kuq (si kajeni ose tabasko), me bisht dhe të copëtuar
- 1½ lugë çaji kripë jo të jodizuar
- ¼ filxhan uthull vere të kuqe
- ¼ filxhan vaj ulliri, për servirje

UDHËZIME:
a) Në një tas përzieni, kombinoni majdanozin, cilantron, qepën, hudhrën dhe kilin e kuq. Spërkateni me kripë. Duke përdorur duart, masazhoni kripën në perime. Lëreni të qëndrojë për 10 minuta në mënyrë që të formohet një shëllirë.

b) Pasi të jetë lëshuar shëllira natyrale, paketoni përzierjen dhe shëllirë në një kavanoz të pastër. Shtypeni përzierjen derisa shëllira të mbulojë perimet.

c) Vendosni një kartushë, nëse e përdorni, më pas vidhosni kapakun fort dhe ruajeni kavanozin në temperaturën e dhomës larg rrezeve të diellit direkte për të fermentuar për 5 ditë. Gromiseni kavanozin çdo ditë.

d) Pasi fermentimi të përfundojë, kombinoni fermentin dhe uthullën e verës së kuqe në një blender ose përpunues ushqimi. Përziejini derisa të kombinohen mirë.

e) Ruani chimichurri në frigorifer deri në 3 muaj.

f) Kur të jetë gati për t'u shërbyer, shtoni 1 lugë gjelle vaj ulliri për $\frac{1}{4}$ filxhan chimichurri.

4. Chimichurri hungarez

PËRBËRËSIT:
- 2/3 filxhan majdanoz të copëtuar me gjethe të sheshta
- 1/3 filxhan hudhër të grirë trashë
- 1/2 filxhan vaj vegjetal
- 1/4 filxhan uthull molle
- 1 lugë çaji kripë e trashë
- 1 lugë çaji piper i zi i sapo bluar
- 1 lugë çaji piper kajen
- 3 lugë paprika
- 1 lugë gjelle rigon të tharë
- 1 1/2 lugë uthull balsamike

UDHËZIME:
a) Kombinoni të gjithë përbërësit në një kavanoz.
b) Tundeni derisa të kombinohen mirë.
c) Shërbejeni si erëz për mishrat e pjekur në skarë.
d) Më e mira nëse bëhet disa ditë përpara dhe ruhet në frigorifer derisa të jetë e nevojshme.
e) Shijoni chimichurri hungarez me shije me mish të pjekur në skarë!

5. Maradona Chimichurri

PËRBËRËSIT:
- 1 qepë, e prerë përafërsisht
- 1 spec jeshil, i prerë me fara dhe i prerë përafërsisht
- 1 domate, e prerë fort
- 2 lugë gjelle gjethe të freskëta majdanoz
- 2 thelpinj hudhër, të prera përafërsisht
- 5 lugë gjelle uthull vere të bardhë
- 2 luge vaj ulliri
- Kripë dhe piper i zi i sapo bluar

UDHËZIME:
a) Vendosni qepën, piperin jeshil, domaten, majdanozin dhe hudhrën në një likuidizues ose përpunues ushqimi dhe përzieni derisa të copëtohen imët.
b) Shtoni uthullën dhe vajin, përzieni sërish dhe i rregulloni sipas shijes me kripë dhe piper të zi të sapo bluar.
c) Para se ta shërbeni, ftohuni për një orë ose më shumë.
d) Shijoni Maradona Chimichurrin tuaj si një erëz me shije!

6. Citrus Chimichurri

PËRBËRËSIT:
- 1 filxhan gjethe të freskëta cilantro
- 1 filxhan gjethe majdanoz të freskët
- Lëkura dhe lëngu i 1 portokalli
- Lëkura dhe lëngu i 1 lime
- 3 thelpinj hudhre, te grira
- 1/4 filxhan uthull vere të kuqe
- 1/2 filxhan vaj ulliri
- Kripë dhe piper për shije

UDHËZIME:
a) Në një përpunues ushqimi, kombinoni cilantron, majdanozin, lëkurën e portokallit, lëkurën e limonit, hudhrën dhe uthullën e verës së kuqe. Pulsoni derisa të grihet imët.
b) Me procesorin të ndezur, hidhni ngadalë vajin e ullirit derisa masa të emulsohet.
c) I rregullojmë me kripë dhe piper sipas shijes.
d) Shërbejeni menjëherë ose vendoseni në frigorifer derisa të jeni gati për përdorim.

7. Smoky Chipotle Chimichurri

PËRBËRËSIT:
- 1 filxhan gjethe majdanoz të freskët
- 1/2 filxhan gjethe të freskëta cilantro
- 2 speca çipotle në salcë adobo
- 3 thelpinj hudhre, te grira
- 1/4 filxhan uthull vere të kuqe
- 1/2 filxhan vaj ulliri
- 1 lugë çaji paprika e tymosur
- Kripë dhe piper për shije

UDHËZIME:
a) Në një blender ose përpunues ushqimi, kombinoni majdanozin, cilantron, specat çipotle, hudhrën, uthullën e verës së kuqe, vajin e ullirit dhe paprikën e tymosur. Përziejini derisa të jetë e qetë.
b) I rregullojmë me kripë dhe piper sipas shijes.
c) Shërbejeni menjëherë ose vendoseni në frigorifer derisa të jeni gati për përdorim.

8. Gëlqere mjaltë Chimichurri

PËRBËRËSIT:
- 1 filxhan gjethe të freskëta cilantro
- 1 filxhan gjethe majdanoz të freskët
- Lëkura dhe lëngu i 1 lime
- 2 lugë mjaltë
- 3 thelpinj hudhre, te grira
- 1/4 filxhan uthull vere të kuqe
- 1/2 filxhan vaj ulliri
- Kripë dhe piper për shije

UDHËZIME:
a) Në një blender ose përpunues ushqimi, kombinoni cilantron, majdanozin, lëkurën e limonit, lëngun e limonit, mjaltin, hudhrën dhe uthullën e verës së kuqe. Përziejini derisa të jetë e qetë.

b) Me procesorin të ndezur, hidhni ngadalë vajin e ullirit derisa masa të emulsohet.

c) I rregullojmë me kripë dhe piper sipas shijes.

d) Shërbejeni menjëherë ose vendoseni në frigorifer derisa të jeni gati për përdorim.

9. Avokado Chimichurri

PËRBËRËSIT:
- 1 avokado e pjekur, e qëruar dhe e hequr
- 1 filxhan gjethe majdanoz të freskët
- 1/2 filxhan gjethe të freskëta cilantro
- 3 thelpinj hudhre, te grira
- 1/4 filxhan uthull vere të kuqe
- 1/2 filxhan vaj ulliri
- Kripë dhe piper për shije

UDHËZIME:
e) Në një blender ose përpunues ushqimi, kombinoni avokadon, majdanozin, cilantron, hudhrën, uthullën e verës së kuqe dhe vajin e ullirit. Përziejini derisa të jetë e qetë.

f) I rregullojmë me kripë dhe piper sipas shijes.

g) Shërbejeni menjëherë ose vendoseni në frigorifer derisa të jeni gati për përdorim.

10. Mango Habanero Chimichurri

PËRBËRËSIT:
- 1 filxhan gjethe të freskëta cilantro
- 1 filxhan gjethe majdanoz të freskët
- 1 mango e pjekur, e qëruar dhe e prerë në kubikë
- 1 spec habanero, i prerë dhe i grirë
- 3 thelpinj hudhre, te grira
- 1/4 filxhan lëng limoni
- 1/4 filxhan uthull vere të kuqe
- 1/2 filxhan vaj ulliri
- Kripë dhe piper për shije

UDHËZIME:
a) Në një blender ose përpunues ushqimi, kombinoni cilantron, majdanozin, mangon e prerë në kubikë, specin habanero të grirë, hudhrën, lëngun e limonit dhe uthullën e verës së kuqe. Përziejini derisa të jetë e qetë.
b) Me procesorin të ndezur, hidhni ngadalë vajin e ullirit derisa masa të emulsohet.
c) I rregullojmë me kripë dhe piper sipas shijes.
d) Shërbejeni menjëherë ose vendoseni në frigorifer derisa të jeni gati për përdorim.

11. Piper i kuq i pjekur Chimichurri

PËRBËRËSIT:
- 1 filxhan gjethe majdanoz të freskët
- 1 filxhan gjethe të freskëta cilantro
- 1 piper i kuq i pjekur, i qëruar, i prerë me fara dhe i grirë
- 3 thelpinj hudhre, te grira
- 1/4 filxhan uthull vere të kuqe
- 1/2 filxhan vaj ulliri
- Kripë dhe piper për shije

UDHËZIME:
a) Në një blender ose përpunues ushqimi, kombinoni majdanozin, cilantron, specin e kuq të pjekur, hudhrën dhe uthullën e verës së kuqe. Përziejini derisa të jetë e qetë.
b) Me procesorin të ndezur, hidhni ngadalë vajin e ullirit derisa masa të emulsohet.
c) I rregullojmë me kripë dhe piper sipas shijes.
d) Shërbejeni menjëherë ose vendoseni në frigorifer derisa të jeni gati për përdorim.

12. Menta ananasi Chimichurri

PËRBËRËSIT:
- 1 filxhan gjethe nenexhiku të freskët
- 1 filxhan gjethe majdanoz të freskët
- 1 filxhan gjethe të freskëta cilantro
- 1 filxhan ananas të prerë në kubikë
- 3 thelpinj hudhre, te grira
- 1/4 filxhan lëng limoni
- 1/4 filxhan uthull vere të kuqe
- 1/2 filxhan vaj ulliri
- Kripë dhe piper për shije

UDHËZIME:
a) Në një blender ose përpunues ushqimi, kombinoni nenexhikun, majdanozin, cilantron, ananasin e prerë në kubikë, hudhrën, lëngun e limonit dhe uthullën e verës së kuqe. Përziejini derisa të jetë e qetë.
b) Me procesorin të ndezur, hidhni ngadalë vajin e ullirit derisa masa të emulsohet.
c) I rregullojmë me kripë dhe piper sipas shijes.
d) Shërbejeni menjëherë ose vendoseni në frigorifer derisa të jeni gati për përdorim.

13. Domate Borziloku Chimichurri

PËRBËRËSIT:
- 1 filxhan gjethe borziloku të freskët
- 1 filxhan gjethe majdanoz të freskët
- 1 domate e prerë në kubikë
- 3 thelpinj hudhre, te grira
- 1/4 filxhan uthull balsamike
- 1/2 filxhan vaj ulliri
- Kripë dhe piper për shije

UDHËZIME:
a) Në një blender ose procesor ushqimi, kombinoni borzilokun, majdanozin, domatet e prera në kubikë, hudhrën, uthullën balsamike dhe vajin e ullirit. Përziejini derisa të jetë e qetë.
b) I rregullojmë me kripë dhe piper sipas shijes.
c) Shërbejeni menjëherë ose vendoseni në frigorifer derisa të jeni gati për përdorim.

14. Mango Mint Chimichurri

PËRBËRËSIT:
- 1 filxhan gjethe nenexhiku të freskët
- 1 filxhan gjethe të freskëta cilantro
- 1 mango e pjekur, e qëruar dhe e prerë në kubikë
- 3 thelpinj hudhre, te grira
- 1/4 filxhan lëng limoni
- 1/4 filxhan uthull vere të kuqe
- 1/2 filxhan vaj ulliri
- Kripë dhe piper për shije

UDHËZIME:
a) Në një blender ose përpunues ushqimi, kombinoni nenexhikun, cilantron, mangon e prerë në kubikë, hudhrën, lëngun e limonit dhe uthullën e verës së kuqe.
b) Përziejini derisa të jetë e qetë.
c) Me procesorin të ndezur, hidhni ngadalë vajin e ullirit derisa masa të emulsohet.
d) I rregullojmë me kripë dhe piper sipas shijes.
e) Shërbejeni menjëherë ose vendoseni në frigorifer derisa të jeni gati për përdorim.

15. Arrë pishe Chimichurri

PËRBËRËSIT:
- 1 filxhan gjethe majdanoz të freskët
- 1 filxhan gjethe borziloku të freskët
- 1/4 filxhan arra pishe
- 3 thelpinj hudhre, te grira
- 1/4 filxhan uthull vere të kuqe
- 1/2 filxhan vaj ulliri
- Kripë dhe piper për shije

UDHËZIME:
a) Në një blender ose përpunues ushqimi, kombinoni majdanozin, borzilokun, arrat e pishës, hudhrën dhe uthullën e verës së kuqe.
b) Përziejini derisa të jetë e qetë.
c) Me procesorin të ndezur, hidhni ngadalë vajin e ullirit derisa masa të emulsohet.
d) I rregullojmë me kripë dhe piper sipas shijes.
e) Shërbejeni menjëherë ose vendoseni në frigorifer derisa të jeni gati për përdorim.

16. Chimichurri me hudhër të pjekur

PËRBËRËSIT:
- 1 filxhan gjethe majdanoz të freskët
- 1 filxhan gjethe të freskëta cilantro
- 1 kokë hudhër, e pjekur
- 1/4 filxhan uthull vere të kuqe
- 1/2 filxhan vaj ulliri
- Kripë dhe piper për shije

UDHËZIME:
a) Skuqini kokën e hudhrës duke prerë pjesën e sipërme për të ekspozuar thelpinjtë, duke e spërkatur me vaj ulliri dhe duke e mbështjellë me fletë metalike. Pjekim në furrë të parangrohur në 400°F (200°C) për rreth 30-40 minuta derisa të jenë të buta dhe të karamelizuara.
b) Shtrydhni thelpinjtë e hudhrës së pjekur nga lëkura e tyre.
c) Në një blender ose përpunues ushqimi, kombinoni majdanozin, cilantron, thelpinjtë e hudhrës së pjekur dhe uthullën e verës së kuqe.
d) Përziejini derisa të jetë e qetë.
e) Me procesorin të ndezur, hidhni ngadalë vajin e ullirit derisa masa të emulsohet.
f) I rregullojmë me kripë dhe piper sipas shijes.
g) Shërbejeni menjëherë ose vendoseni në frigorifer derisa të jeni gati për përdorim.

17. Limon Kopra Chimichurri

PËRBËRËSIT:
- 1 filxhan gjethe të freskëta të koprës
- 1 filxhan gjethe majdanoz të freskët
- Lëkura dhe lëngu i 1 limoni
- 3 thelpinj hudhre, te grira
- 1/4 filxhan uthull vere të bardhë
- 1/2 filxhan vaj ulliri
- Kripë dhe piper për shije

UDHËZIME:
a) Në një blender ose përpunues ushqimi, kombinoni koprën, majdanozin, lëkurën e limonit, lëngun e limonit, hudhrën dhe uthullën e verës së bardhë.
b) Përziejini derisa të jetë e qetë.
c) Me procesorin të ndezur, hidhni ngadalë vajin e ullirit derisa masa të emulsohet.
d) I rregullojmë me kripë dhe piper sipas shijes.
e) Shërbejeni menjëherë ose vendoseni në frigorifer derisa të jeni gati për përdorim.

18. Cilantro Lime Chimichurri

PËRBËRËSIT:
- 1 filxhan gjethe të freskëta cilantro
- 1 filxhan gjethe majdanoz të freskët
- Lëkura dhe lëngu i 2 lime
- 3 thelpinj hudhre, te grira
- 1/4 filxhan uthull vere të kuqe
- 1/2 filxhan vaj ulliri
- Kripë dhe piper për shije

UDHËZIME:
a) Në një blender ose përpunues ushqimi, kombinoni cilantron, majdanozin, lëkurën e limonit, lëngun e limonit, hudhrën dhe uthullën e verës së kuqe.
b) Përziejini derisa të jetë e qetë.
c) Me procesorin të ndezur, hidhni ngadalë vajin e ullirit derisa masa të emulsohet.
d) I rregullojmë me kripë dhe piper sipas shijes.
e) Shërbejeni menjëherë ose vendoseni në frigorifer derisa të jeni gati për përdorim.

19. Pesto Chimichurri

PËRBËRËSIT:
- 1 filxhan gjethe borziloku të freskët
- 1 filxhan gjethe majdanoz të freskët
- 1/4 filxhan arra pishe
- 3 thelpinj hudhre, te grira
- 1/4 filxhan uthull vere të kuqe
- 1/2 filxhan vaj ulliri
- Kripë dhe piper për shije

UDHËZIME:
a) Në një blender ose përpunues ushqimi, kombinoni borzilokun, majdanozin, arrat e pishës, hudhrën dhe uthullën e verës së kuqe.
b) Përziejini derisa të jetë e qetë.
c) Me procesorin të ndezur, hidhni ngadalë vajin e ullirit derisa masa të emulsohet.
d) I rregullojmë me kripë dhe piper sipas shijes.
e) Shërbejeni menjëherë ose vendoseni në frigorifer derisa të jeni gati për përdorim.

20. Xhenxhefili i susamit Chimichurri

PËRBËRËSIT:
- 1 filxhan gjethe të freskëta cilantro
- 1 filxhan gjethe majdanoz të freskët
- 2 lugë vaj susami
- 2 lugë salcë soje
- 2 lugë gjelle uthull orizi
- 1 lugë mjaltë
- 1 lugë gjelle xhenxhefil të grirë
- 3 thelpinj hudhre, te grira
- 1/4 filxhan vaj ulliri
- Kripë dhe piper për shije

UDHËZIME:
a) Në një blender ose përpunues ushqimi, kombinoni cilantro, majdanoz, vaj susami, salcë soje, uthull orizi, mjaltë, xhenxhefil dhe hudhër.
b) Përziejini derisa të jetë e qetë.
c) Me procesorin të ndezur, hidhni ngadalë vajin e ullirit derisa masa të emulsohet.
d) I rregullojmë me kripë dhe piper sipas shijes.
e) Shërbejeni menjëherë ose vendoseni në frigorifer derisa të jeni gati për përdorim.

21. Chimichurri domate të thara në diell

PËRBËRËSIT:
- 1 filxhan gjethe majdanoz të freskët
- 1 filxhan gjethe të freskëta cilantro
- 1/4 filxhan domate të thara në diell (të paketuara në vaj), të kulluara
- 3 thelpinj hudhre, te grira
- 1/4 filxhan uthull vere të kuqe
- 1/2 filxhan vaj ulliri
- Kripë dhe piper për shije

UDHËZIME:
a) Në një blender ose përpunues ushqimi, kombinoni majdanozin, cilantron, domatet e thara në diell, hudhrën dhe uthullën e verës së kuqe.
b) Përziejini derisa të jetë e qetë.
c) Me procesorin të ndezur, hidhni ngadalë vajin e ullirit derisa masa të emulsohet.
d) I rregullojmë me kripë dhe piper sipas shijes.
e) Shërbejeni menjëherë ose vendoseni në frigorifer derisa të jeni gati për përdorim.

22. Jalapeño Cilantro Chimichurri

PËRBËRËSIT:
- 1 filxhan gjethe të freskëta cilantro
- 1/4 filxhan gjethe të freskëta majdanoz
- 1 jalapeño, me fara dhe të prera
- 3 thelpinj hudhre, te grira
- 1/4 filxhan uthull vere të kuqe
- 1/2 filxhan vaj ulliri
- Kripë dhe piper për shije

UDHËZIME:
a) Në një përpunues ushqimi, kombinoni cilantro, majdanoz, jalapeño dhe hudhër.
b) Pulsoni derisa të grihet imët. Shtoni uthull dhe vaj ulliri, më pas pulsoni derisa të kombinohen mirë.
c) I rregullojmë me kripë dhe piper sipas shijes.
d) Shërbejeni menjëherë ose vendoseni në frigorifer derisa të jeni gati për përdorim.

23. Thai Basil Chimichurri

PËRBËRËSIT:
- 1 filxhan gjethe borziloku tajlandez
- 1/4 filxhan gjethe të freskëta cilantro
- 2 thelpinj hudhre, te grira
- 1/4 filxhan lëng limoni
- 1/4 filxhan salcë peshku
- 2 lugë mjaltë
- 1/4 filxhan vaj ulliri
- Piper i kuq thekon për shije

UDHËZIME:
a) Në një blender ose përpunues ushqimi, kombinoni borzilokun tajlandez, cilantro, hudhrën, lëngun e limonit, salcën e peshkut, mjaltin dhe vajin e ullirit. Përziejini derisa të jetë e qetë.

b) Shtoni thekon piper të kuq për shije për ngrohje. Rregulloni erëzat nëse është e nevojshme. Shërbejeni menjëherë ose ruajeni në frigorifer.

24. Ulliri mesdhetar Chimichurri

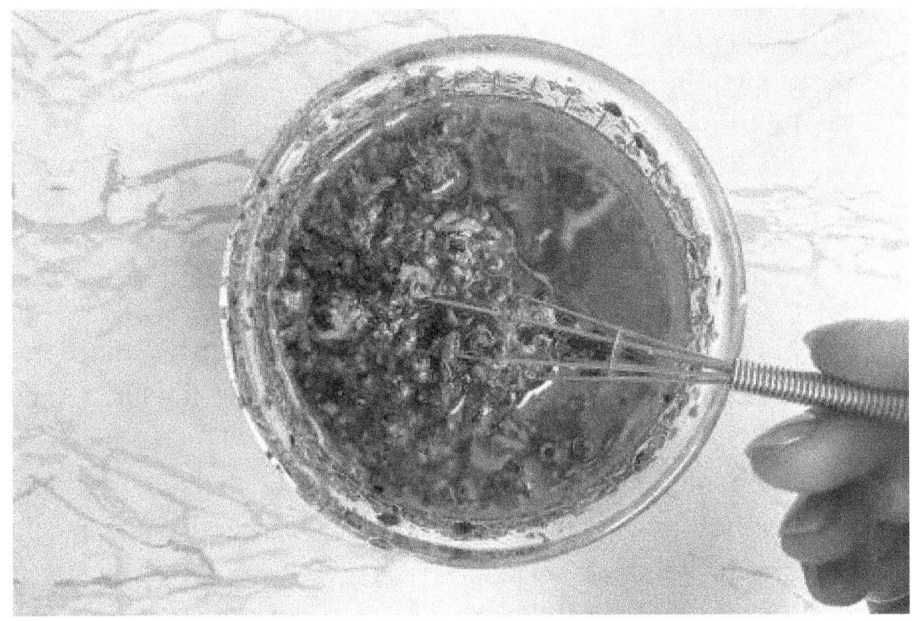

PËRBËRËSIT:

- 1 filxhan ullinj jeshil pa koriza
- 1/4 filxhan gjethe të freskëta majdanoz
- 2 lugë gjelle kaperi
- 2 thelpinj hudhre, te grira
- Lëkura dhe lëngu i 1 limoni
- 1/4 filxhan vaj ulliri
- Kripë dhe piper për shije

UDHËZIME:

a) Në një përpunues ushqimi, kombinoni ullinjtë, majdanozin, kaperin, hudhrën, lëkurën e limonit dhe lëngun e limonit. Pulsoni derisa të grihet imët.

b) Gradualisht shtoni vaj ulliri duke pulsuar derisa të arrihet konsistenca e dëshiruar. I rregullojmë me kripë dhe piper sipas shijes.

c) Shërbejeni menjëherë ose vendoseni në frigorifer derisa të jeni gati për përdorim.

25. Mente me mjedër Chimichurri

PËRBËRËSIT:
- 1 filxhan mjedra të freskëta
- 1/4 filxhan gjethe menteje të freskëta
- 2 lugë gjelle uthull vere të kuqe
- 2 lugë mjaltë
- 1/4 filxhan vaj ulliri
- Kripë dhe piper për shije

UDHËZIME:
a) Në një blender ose përpunues ushqimi, kombinoni mjedrat, gjethet e nenexhikut, uthullën e verës së kuqe dhe mjaltin. Përziejini derisa të jetë e qetë.

b) Gradualisht shtoni vaj ulliri duke e përzier derisa të kombinohet mirë. I rregullojmë me kripë dhe piper sipas shijes.

c) Shërbejeni menjëherë ose vendoseni në frigorifer derisa të jeni gati për përdorim.

26. Mango pikante Chimichurri

PËRBËRËSIT:

- 1 mango e pjekur, e qëruar dhe e prerë në kubikë
- 1/4 filxhan gjethe të freskëta cilantro
- 1 jalapeño, me fara dhe të prera
- 2 thelpinj hudhre, te grira
- Lëng nga 1 lime
- 1/4 filxhan vaj ulliri
- Kripë dhe piper për shije

UDHËZIME:

a) Në një blender ose përpunues ushqimi, kombinoni mango, cilantro, jalapeño, hudhër dhe lëng gëlqereje. Përziejini derisa të jetë e qetë.
b) Gradualisht shtoni vaj ulliri duke e përzier derisa të arrihet konsistenca e dëshiruar. I rregullojmë me kripë dhe piper sipas shijes.
c) Shërbejeni menjëherë ose vendoseni në frigorifer derisa të jeni gati për përdorim.

27. Fasule e zezë Chimichurri

PËRBËRËSIT:

- 1/2 filxhan fasule të zeza të gatuara
- 1/4 filxhan gjethe të freskëta cilantro
- 2 thelpinj hudhre, te grira
- Lëng nga 1 lime
- 1/4 filxhan uthull vere të kuqe
- 1/4 filxhan vaj ulliri
- Kripë dhe piper për shije

UDHËZIME:

a) Në një përpunues ushqimi, kombinoni fasulet e zeza, cilantro, hudhrën, lëngun e limonit dhe uthullën e verës së kuqe. Pulsoni derisa të kombinohen mirë.

b) Gradualisht shtoni vaj ulliri duke pulsuar derisa të arrihet konsistenca e dëshiruar. I rregullojmë me kripë dhe piper sipas shijes.

c) Shërbejeni menjëherë ose vendoseni në frigorifer derisa të jeni gati për përdorim.

28. Chimichurri Misër i pjekur

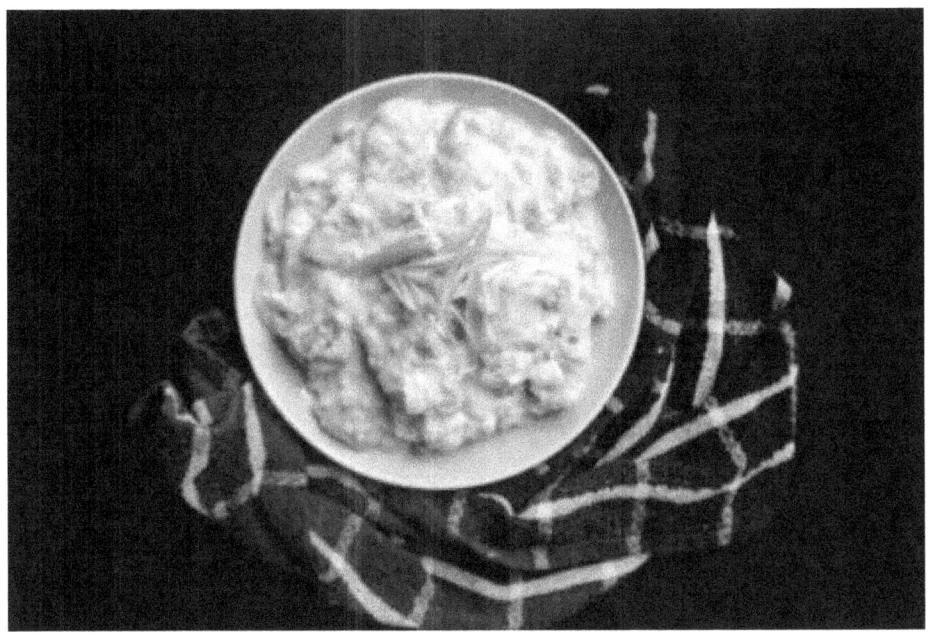

PËRBËRËSIT:
- 1 filxhan kokrra misri te pjekur
- 1/4 filxhan gjethe të freskëta cilantro
- 2 thelpinj hudhre, te grira
- Lëng nga 1 lime
- 1/4 filxhan uthull vere të bardhë
- 1/4 filxhan vaj ulliri
- Kripë dhe piper për shije

UDHËZIME:
a) Në një blender ose përpunues ushqimi, kombinoni misrin e pjekur, cilantro, hudhrën, lëngun e limonit dhe uthullën e verës së bardhë. Përziejini derisa të jetë e qetë.
b) Gradualisht shtoni vaj ulliri duke e përzier derisa të kombinohet mirë.
c) I rregullojmë me kripë dhe piper sipas shijes. Shërbejeni menjëherë ose vendoseni në frigorifer derisa të jeni gati për përdorim.

29. Ranch Chimichurri

PËRBËRËSIT:
- 1/2 filxhan majonezë
- 1/4 filxhan salcë kosi
- 1/4 filxhani gjethe majdanozi të freskëta, të grira imët
- 2 lugë qiqra të freskëta, të grira hollë
- 1 thelpi hudhër, të grirë
- 1 lugë gjelle uthull vere të bardhë
- Kripë dhe piper për shije

UDHËZIME:
a) Në një tas, përzieni majonezën, salcë kosi, majdanozin, qiqrat, hudhrën dhe uthullën e verës së bardhë derisa të jenë të lëmuara. I rregullojmë me kripë dhe piper sipas shijes. Shërbejeni menjëherë ose vendoseni në frigorifer derisa të jeni gati për përdorim.

b) Ky variacion kremoz shton një kthesë të lezetshme në shijet tradicionale të chimichurri.

30. Curry kokosi Chimichurri

PËRBËRËSIT:

- 1/2 filxhan gjethe të freskëta cilantro
- 1/4 filxhan gjethe borziloku të freskët
- 2 thelpinj hudhre, te grira
- 2 lugë gjelle pluhur kerri
- 1/2 filxhan qumësht kokosi
- Lëng nga 1 lime
- 1/4 filxhan vaj ulliri
- Kripë dhe piper për shije

UDHËZIME:

a) Në një blender ose përpunues ushqimi, kombinoni cilantro, borzilok, hudhër, pluhur kerri, qumësht kokosi dhe lëng gëlqereje. Përziejini derisa të jetë e qetë.

b) Gradualisht shtoni vaj ulliri duke e përzier derisa të kombinohet mirë. I rregullojmë me kripë dhe piper sipas shijes.

c) Shërbejeni menjëherë ose vendoseni në frigorifer derisa të jeni gati për përdorim.

31. Honey Sriracha Chimichurri

PËRBËRËSIT:
- 1/2 filxhan gjethe të freskëta majdanoz
- 1/4 filxhan gjethe të freskëta cilantro
- 2 thelpinj hudhre, te grira
- 2 lugë salcë sriracha
- 2 lugë mjaltë
- 1/4 filxhan uthull vere të kuqe
- 1/4 filxhan vaj ulliri
- Kripë për shije

UDHËZIME:
a) Në një blender ose përpunues ushqimi, kombinoni majdanoz, cilantro, hudhër, salcë sriracha, mjaltë dhe uthull të verës së kuqe. Përziejini derisa të jetë e qetë.

b) Gradualisht shtoni vaj ulliri duke e përzier derisa të kombinohet mirë. I rregullojmë me kripë për shije. Shërbejeni menjëherë ose vendoseni në frigorifer derisa të jeni gati për përdorim.

32. Chimichurri me domate mesdhetare

PËRBËRËSIT:

- 1/2 filxhan domate të thara (të paketuara në vaj), të kulluara
- 1/4 filxhan gjethe borziloku të freskët
- 2 thelpinj hudhre, te grira
- Lëng nga 1 limon
- 1/4 filxhan vaj ulliri
- Kripë dhe piper për shije

UDHËZIME:

a) Në një përpunues ushqimi, kombinoni domatet e thara, borzilokun, hudhrën dhe lëngun e limonit. Pulsoni derisa të grihet imët.

b) Gradualisht shtoni vaj ulliri duke pulsuar derisa të arrihet konsistenca e dëshiruar. I rregullojmë me kripë dhe piper sipas shijes.

c) Shërbejeni menjëherë ose vendoseni në frigorifer derisa të jeni gati për përdorim.

33. Susam Cilantro Chimichurri

PËRBËRËSIT:
- 1/2 filxhan gjethe të freskëta cilantro
- 1/4 filxhan gjethe të freskëta majdanoz
- 2 thelpinj hudhre, te grira
- 2 lugë salcë soje
- 2 lugë gjelle uthull orizi
- 1 lugë gjelle vaj susami
- 1/4 filxhan vaj ulliri
- 1 lugë fara susami, të thekura
- Kripë dhe piper për shije

UDHËZIME:
a) Në një blender ose përpunues ushqimi, kombinoni cilantro, majdanoz, hudhër, salcë soje, uthull orizi dhe vaj susami. Përziejini derisa të jetë e qetë.

b) Gradualisht shtoni vaj ulliri duke e përzier derisa të kombinohet mirë. Përzieni farat e susamit të thekur. I rregullojmë me kripë dhe piper sipas shijes.

c) Shërbejeni menjëherë ose vendoseni në frigorifer derisa të jeni gati për përdorim.

CHIMICHURRI DHE PRODHIMET E DETIT

34. Karkaleca me salcë Chimichurri

PËRBËRËSIT:
- 2 deri në 10 thelpinj hudhër, të qëruara dhe të prera trashë
- 1 spec i kuq jalapeno, me kërcell, me fara dhe të grirë trashë
- 1/4 filxhan gjethe rigon të freskët
- 1 filxhan gjethe majdanoz të freskët
- 1/4 filxhan verë të kuqe ose uthull sheri
- 1/2 filxhan vaj ulliri
- 1/4 lugë çaji kripë
- 1 1/2 paund karkaleca deti

UDHËZIME:
a) Përgatisni hudhrën. Tradicionalisht, kjo është një salcë me hudhër, por sasia e hudhrës së përdorur do të ishte sipas shijes personale.
b) Kombinoni hudhrën dhe jalapeno në një procesor ushqimi dhe grijini imët. Shtoni rigonin dhe majdanozin dhe pulsoni në një grilë të imët.
c) Shtoni uthullën, vajin e ullirit dhe kripën, duke i përpunuar derisa të jenë të lëmuara dhe të emulsifikuara. (Salca mund të përdoret menjëherë; ose hidheni në një kavanoz, mbulojeni dhe vendoseni në frigorifer derisa të jetë gati për t'u përdorur.)
d) Hiqni rreth 1/3 filxhan salcë për ta përdorur si pastë për karkalecat.
e) Përgatitni një skarë me qymyr ose gaz. Vendosni karkalecat në një skarë të lyer mirë me vaj, 4 deri në 6 inç nga burimi i nxehtësisë. Lyejeni dhe gatuajeni rreth 3 deri në 4 minuta për çdo anë, ose derisa karkalecat të jenë rozë dhe të gatuhen.
f) Shërbejeni me salcën e mbetur anash.

35. Salmoni Chimichurri

PËRBËRËSIT:
- 4 fileto salmon
- Kripë dhe piper për shije
- 1 filxhan majdanoz i freskët, i grirë
- 1/4 filxhan cilantro e freskët, e copëtuar
- 3 thelpinj hudhre, te grira
- 1/4 filxhan uthull vere të kuqe
- 1/2 filxhan vaj ulliri
- 1 lugë çaji rigon të tharë
- 1/2 lugë çaji thekon piper të kuq (opsionale)

UDHËZIME:
a) Ngrohni furrën tuaj në 400°F (200°C).
b) I rregullojmë filetot e salmonit me kripë dhe piper dhe i vendosim në një tepsi të veshur me letër furre.
c) Në një tas përzieni majdanozin e grirë, cilantron, hudhrën e grirë, uthullën e verës së kuqe, vajin e ullirit, rigonin e tharë dhe thekonet e piperit të kuq. I rregullojmë me kripë dhe piper.
d) Hidhni me lugë salcën chimichurri mbi filetot e salmonit, duke i mbuluar ato në mënyrë të barabartë.
e) Piqeni në furrën e nxehur më parë për 12-15 minuta ose derisa salmoni të jetë gatuar dhe të skuqet lehtësisht me një pirun.
f) Shërbejeni salmonin të nxehtë, të spërkatur me salcë shtesë chimichurri.

36. Chimichurri Baked Cod

PËRBËRËSIT:
- 4 fileta merluci
- Kripë dhe piper për shije
- 1 filxhan majdanoz i freskët, i grirë
- 1/4 filxhan cilantro e freskët, e copëtuar
- 3 thelpinj hudhre, te grira
- 1/4 filxhan uthull vere të kuqe
- 1/2 filxhan vaj ulliri
- 1 lugë çaji rigon të tharë
- 1/2 lugë çaji thekon piper të kuq (opsionale)

UDHËZIME:
a) Ngrohni furrën tuaj në 375°F (190°C).
b) I rregullojmë filetot e merlucit me kripë dhe piper dhe i vendosim në një enë pjekjeje.
c) Në një tas, bashkoni majdanozin e grirë, cilantro, hudhrën e grirë, uthullën e verës së kuqe, vajin e ullirit, rigonin e tharë dhe thekonet e piperit të kuq për të bërë salcën chimichurri.
d) Hidhni me lugë salcën chimichurri mbi filetot e merlucit duke i mbuluar në mënyrë të barabartë.
e) Piqeni në furrën e nxehur më parë për 15-20 minuta, ose derisa merluci të jetë gatuar dhe të skuqet lehtësisht me një pirun.
f) Shërbejeni merlucin të nxehtë, të spërkatur me salcë shtesë chimichurri.

37. Chimichurri Karkaleca Scampi

PËRBËRËSIT:
- 1 paund karkaleca, të qëruara dhe të deveruara
- Kripë dhe piper për shije
- 1 filxhan majdanoz i freskët, i grirë
- 1/4 filxhan cilantro e freskët, e copëtuar
- 3 thelpinj hudhre, te grira
- 1/4 filxhan uthull vere të kuqe
- 1/2 filxhan vaj ulliri
- 1 lugë çaji rigon të tharë
- 1/2 lugë çaji thekon piper të kuq (opsionale)
- 8 oz linguine ose spageti
- 2 lugë gjelle gjalpë
- Copa limoni për servirje

UDHËZIME:
a) Gatuani makaronat sipas udhëzimeve të paketimit deri në al dente. Kullojini dhe lërini mënjanë.
b) I rregullojmë karkalecat me kripë dhe piper.
c) Në një tas, përzieni majdanozin e grirë, cilantron, hudhrën e grirë, uthullën e verës së kuqe, vajin e ullirit, rigonin e tharë dhe thekonet e piperit të kuq për të bërë salcën chimichurri.
d) Ngroheni gjalpin në një tigan të madh mbi nxehtësinë mesatare. Shtoni karkalecat në tigan dhe gatuajeni për 2-3 minuta nga secila anë, ose derisa të jenë rozë dhe të errët.
e) Shtoni makaronat e gatuara në tiganin me karkaleca.
f) Hidhni salcën chimichurri mbi karkaleca dhe makarona.
g) Përziejini gjithçka së bashku derisa karkalecat dhe makaronat të lyhen me salcë dhe të nxehen.
h) Shërbejeni scampin e karkalecave chimichurri të nxehtë, me copa limoni anash.

38. Karkaleca me gjalpë me hudhër Chimichurri

PËRBËRËSIT:

- 1 £ karkaleca të mëdha, të qëruara dhe të deveruara
- Kripë dhe piper për shije
- 1 filxhan majdanoz i freskët, i grirë
- 1/4 filxhan cilantro e freskët, e copëtuar
- 3 thelpinj hudhre, te grira
- 1/4 filxhan uthull vere të kuqe
- 1/2 filxhan vaj ulliri
- 1 lugë çaji rigon të tharë
- 1/2 lugë çaji thekon piper të kuq (opsionale)
- 4 lugë gjelle gjalpë

UDHËZIME:

a) I rregullojmë karkalecat me kripë dhe piper.
b) Në një tas, përzieni majdanozin e grirë, cilantron, hudhrën e grirë, uthullën e verës së kuqe, vajin e ullirit, rigonin e tharë dhe thekonet e piperit të kuq për të bërë salcën chimichurri.
c) Ngroheni gjalpin në një tigan të madh mbi nxehtësinë mesatare. Shtoni karkalecat në tigan dhe gatuajeni për 2-3 minuta nga secila anë, ose derisa të jenë rozë dhe të errët.
d) Hidhni salcën chimichurri mbi karkalecat në tigan.
e) Hidhini karkalecat në salcë derisa të mbulohen dhe të ngrohen.
f) Shërbejini karkalecat e gjalpit të hudhrës chimichurri të nxehtë, të zbukuruar me majdanoz shtesë të grirë nëse dëshironi.

39. Chimichurri Scallops të pjekura

PËRBËRËSIT:
- 1 paund fiston deti
- Kripë dhe piper për shije
- 1 filxhan majdanoz i freskët, i grirë
- 1/4 filxhan cilantro e freskët, e copëtuar
- 3 thelpinj hudhre, te grira
- 1/4 filxhan uthull vere të kuqe
- 1/2 filxhan vaj ulliri
- 1 lugë çaji rigon të tharë
- 1/2 lugë çaji thekon piper të kuq (opsionale)
- 2 lugë gjelle gjalpë
- Copa limoni për servirje

UDHËZIME:
a) Thajini fistonët me peshqir letre dhe i rregulloni me kripë dhe piper.
b) Në një tas, përzieni majdanozin e grirë, cilantron, hudhrën e grirë, uthullën e verës së kuqe, vajin e ullirit, rigonin e tharë dhe thekonet e piperit të kuq për të bërë salcën chimichurri.
c) Ngroheni gjalpin në një tigan të madh mbi nxehtësinë mesatare-të lartë.
d) Pasi tigani të jetë nxehtë, shtoni fiston në një shtresë të vetme, duke u kujdesur që të mos mbipopulloni tiganin. Ziejini fistonët për 2-3 minuta nga secila anë, ose derisa të marrin ngjyrë kafe të artë dhe të gatuhen.
e) Hiqni fiston nga tigani dhe transferojini në një pjatë servirjeje.
f) Hidhni salcën chimichurri mbi fistonët e skuqur.
g) Shërbejeni të nxehtë me copa limoni anash.

40. Kupat e orizit të kaftë me peshk të skuqur dhe chimichurri

PËRBËRËSIT:
- 1 filxhan (165 g) oriz kaf
- 2 gota (470 ml) ujë
- Kripë Kosher dhe piper i zi i sapo bluar
- 8 ons (225 g) karrota bebe, të përgjysmuara
- 2 lugë (30 ml) avokado ose vaj ulliri ekstra të virgjër, të ndara
- ½ lugë çaji koriandër të bluar
- 4 fileto peshku të bardhë pa lëkurë (4 deri në 6 ons, 115 deri në 168 gr), si p.sh., lak, tilapia ose levreku me vija
- 1 tufë e vogël lakërishtë, e prerë
- 1 filxhan (120 g) edamame të prera
- 1 recetë salcë Chimichurri
- Bajame të prera në feta

UDHËZIME:
a) Ngrohni furrën në 400°F (200°C, ose shenjën e gazit 6).

b) Shtoni orizin, ujin dhe pak kripë në një tenxhere mesatare dhe lëreni të ziejë. Ulni nxehtësinë në minimum, mbulojeni dhe gatuajeni derisa orizi të jetë i butë, rreth 40 minuta. Hiqeni nga zjarri dhe ziejini orizin me kapak në avull për 10 minuta.

c) Hidhni karotat me 1 lugë gjelle (15 ml) vaj, koriandër, kripë dhe piper. Përhapeni në një shtresë të vetme në një fletë pjekjeje të mbyllur dhe skuqeni derisa të zbutet, rreth 15 minuta.

d) Ndërkohë, ngrohni 1 lugë gjelle të mbetur (15 ml) vaj në një tigan të gjerë mbi nxehtësinë mesatare-të lartë derisa të vezullojë. Thajeni plotësisht peshkun me peshqir letre dhe lyejeni nga të dyja anët me kripë dhe piper.

e) Shtoni peshkun në tigan dhe ziejini për 2 deri në 3 minuta nga çdo anë.
f) Për ta servirur, ndani orizin dhe lakërishtën midis tasave. Sipër shtoni peshk, karota të pjekura dhe edamame. Spërkateni me salcën Chimichurri dhe spërkatni me bajame të prera në feta.

41. Chimichurri Baked Halibut

PËRBËRËSIT:
- 4 fileta shojzë e kuqe
- Kripë dhe piper për shije
- 1 filxhan majdanoz i freskët, i grirë
- 1/4 filxhan cilantro e freskët, e copëtuar
- 3 thelpinj hudhre, te grira
- 1/4 filxhan uthull vere të kuqe
- 1/2 filxhan vaj ulliri
- 1 lugë çaji rigon të tharë
- 1/2 lugë çaji thekon piper të kuq (opsionale)

UDHËZIME:
a) Ngrohni furrën tuaj në 375°F (190°C).
b) Vendosni filetot e shojzës në një enë pjekjeje të veshur me letër furre.
c) I rregullojmë filetot e shojzës me kripë dhe piper.
d) Në një tas, përzieni majdanozin e grirë, cilantron, hudhrën e grirë, uthullën e verës së kuqe, vajin e ullirit, rigonin e tharë dhe thekonet e piperit të kuq për të bërë salcën chimichurri.
e) Përhapni një sasi bujare të salcës chimichurri mbi çdo fileto shojzë e kuqe.
f) Piqni shojzën e shojzës në furrën e nxehur më parë për 15-20 minuta, ose derisa shojza të jetë gatuar dhe të skuqet lehtësisht me një pirun.
g) Hiqeni shojzën nga furra dhe lëreni të pushojë për disa minuta përpara se ta shërbeni.
h) Shërbejeni shojzën e pjekur të nxehtë, të zbukuruar me salcë shtesë chimichurri sipas dëshirës.

42. Karkaleca e kokosit Chimichurri

PËRBËRËSIT:
- 1 lb karkaleca të mëdha, të qëruara dhe të deveruara
- Kripë dhe piper për shije
- 1 filxhan majdanoz i freskët, i grirë
- 1/4 filxhan cilantro e freskët, e copëtuar
- 3 thelpinj hudhre, te grira
- 1/4 filxhan uthull vere të kuqe
- 1/2 filxhan vaj ulliri
- 1 lugë çaji rigon të tharë
- 1/2 lugë çaji thekon piper të kuq (opsionale)
- 1 filxhan kokos të grirë pa sheqer
- 1/4 filxhan miell për të gjitha përdorimet
- 2 vezë, të rrahura
- Vaj gatimi për tiganisje
- Copa limoni për servirje

UDHËZIME:
a) I rregullojmë karkalecat me kripë dhe piper.
b) Në një tas, përzieni majdanozin e grirë, cilantron, hudhrën e grirë, uthullën e verës së kuqe, vajin e ullirit, rigonin e tharë dhe thekonet e piperit të kuq për të bërë salcën chimichurri.
c) Vendosni një stacion gërmimi me tre tasa të cekëta: një me miell, një me vezë të rrahura dhe një me kokos të grirë.
d) Lyejeni çdo karkalec në miell, më pas zhytni në vezët e rrahura dhe në fund lyeni me kokosin e grirë, duke shtypur butësisht për t'u ngjitur.
e) Ngrohni vajin e gatimit në një tigan mbi nxehtësinë mesatare-të lartë. Skuqini karkalecat e lyera në tufa për 2-3 minuta nga çdo anë, ose derisa të marrin ngjyrë kafe të artë dhe të gatuhen.

f) Hiqni karkalecat nga tigani dhe vendosini në një pjatë të veshur me peshqir letre për të kulluar vajin e tepërt.
g) Shërbejini karkalecat e kokosit chimichurri të nxehtë, me copa limoni anash për t'i shtrydhur.

43. Chimichurri Cod pa leje

PËRBËRËSIT:
- 4 fileta merluci
- Kripë dhe piper për shije
- 1 filxhan majdanoz i freskët, i grirë
- 1/4 filxhan cilantro e freskët, e copëtuar
- 3 thelpinj hudhre, te grira
- 1/4 filxhan uthull vere të kuqe
- 1/2 filxhan vaj ulliri
- 1 lugë çaji rigon të tharë
- 1/2 lugë çaji thekon piper të kuq (opsionale)

UDHËZIME:
a) I rregullojmë filetot e merlucit me kripë dhe piper.
b) Në një tigan të madh ose një tigan për skuqje, kombinoni majdanozin e grirë, cilantron, hudhrën e grirë, uthullën e verës së kuqe, vajin e ullirit, rigonin e tharë dhe thekon piper të kuq.
c) Vendoseni tiganin në zjarr mesatar dhe lëreni përzierjen të ziejë lehtë.
d) Shtoni filetot e merlucit në tigan, duke u kujdesur që të jenë zhytur në salcën e chimichurri.
e) Mbulojeni tiganin dhe skuqeni merlucin për 8-10 minuta, ose derisa peshku të jetë i errët dhe të shkrihet lehtësisht me një pirun.
f) Hiqni me kujdes filetot e merlucit nga tigani dhe transferojini në pjatat e servirjes.
g) Hidhni me lugë pak nga salca chimichurri nga tigani mbi filetot e merlucit.
h) Shërbejeni merlucin e zier chimichurri të nxehtë, me salcë shtesë në anë nëse dëshironi.

44. Chimichurri Mahi Mahi Tacos

PËRBËRËSIT:
- 1 lb fileto mahi mahi
- Kripë dhe piper për shije
- 1 filxhan majdanoz i freskët, i grirë
- 1/4 filxhan cilantro e freskët, e copëtuar
- 3 thelpinj hudhre, te grira
- 1/4 filxhan uthull vere të kuqe
- 1/2 filxhan vaj ulliri
- 1 lugë çaji rigon të tharë
- 1/2 lugë çaji thekon piper të kuq (opsionale)
- 8 tortilla të vogla misri ose miell
- Lakra e grirë
- Avokado e prerë në feta
- Pika gëlqereje për servirje

UDHËZIME:
a) I rregullojmë filetot mahi mahi me kripë dhe piper.
b) Në një tas, përzieni majdanozin e grirë, cilantron, hudhrën e grirë, uthullën e verës së kuqe, vajin e ullirit, rigonin e tharë dhe thekonet e piperit të kuq për të bërë salcën chimichurri.
c) Nxehni një tigan ose tigan me skarë mbi nxehtësinë mesatare-të lartë. Gatuani filetot mahi mahi për 3-4 minuta nga çdo anë, ose derisa të gatuhen.
d) Hiqeni mahi mahi nga zjarri dhe lëreni të pushojë për disa minuta përpara se ta grisni në copa.
e) Ngrohni tortillat në tigan ose në skarë për rreth 30 sekonda për çdo anë.
f) Mbushni çdo tortilla me mahi mahi të grirë, lakër të grirë, avokado të prerë në feta dhe një grilë salcë chimichurri.

g) Shërbejini chimichurri mahi mahi tacos me pykë lime anash.

45. Ëmbëlsira me Gaforre Chimichurri

PËRBËRËSIT:
- 1 paund mish gaforre me gunga
- 1/2 filxhan thërrime buke
- 1/4 filxhan majonezë
- 1/4 filxhan piper zile të kuq të copëtuar
- 1/4 filxhan qepë jeshile të copëtuara
- 1 vezë e rrahur
- Kripë dhe piper për shije
- 1 filxhan majdanoz i freskët, i grirë
- 1/4 filxhan cilantro e freskët, e copëtuar
- 3 thelpinj hudhre, te grira
- 1/4 filxhan uthull vere të kuqe
- 1/2 filxhan vaj ulliri
- 1 lugë çaji rigon të tharë
- 1/2 lugë çaji thekon piper të kuq (opsionale)
- Copa limoni për servirje

UDHËZIME:
a) Në një tas të madh, kombinoni mishin e gaforres, thërrimet e bukës, majonezën, piperin e kuq të copëtuar, qepët jeshile të copëtuara, vezën e rrahur, kripën dhe piperin. Përziejini derisa të bashkohen mirë.
b) Formoni përzierjen e gaforreve në peta dhe vendosini në një tepsi të veshur me letër furre.
c) Në një tas të veçantë, përzieni së bashku majdanozin e grirë, cilantro, hudhrën e grirë, uthullën e verës së kuqe, vajin e ullirit, rigonin e tharë dhe thekonet e piperit të kuq për të bërë salcën chimichurri.
d) Lyejeni salcën chimichurri mbi çdo kek me gaforre.
e) Piqini ëmbëlsirat me gaforre në një furrë të parangrohur 375°F (190°C) për 15-20 minuta, ose derisa të marrin ngjyrë kafe të artë dhe të nxehen.

f) Hiqni ëmbëlsirat me gaforre nga furra dhe lërini të ftohen pak para se t'i shërbeni.
g) I servirim ëmbëlsirat me gaforre chimichurri me copa limoni anash.

46. Tacos peshku të pjekur në skarë Chimichurri

PËRBËRËSIT:
- 1 lb fileto peshku të bardhë (të tilla si tilapia ose merluci)
- Kripë dhe piper për shije
- 8 tortilla të vogla miell ose misri
- 1 filxhan përzierje lakër të grirë ose salcë lakër
- 1 avokado, e prerë në feta
- Pika gëlqereje për servirje

Salca CHIMICHURRI:
- 1 filxhan majdanoz i freskët, i grirë
- 1/4 filxhan cilantro e freskët, e copëtuar
- 3 thelpinj hudhre, te grira
- 1/4 filxhan uthull vere të kuqe
- 1/2 filxhan vaj ulliri
- 1 lugë çaji rigon të tharë
- 1/2 lugë çaji thekon piper të kuq (opsionale)

UDHËZIME:
a) Ngrohni grilën tuaj në nxehtësi mesatare-të lartë.
b) I rregullojmë filetot e peshkut me kripë dhe piper.
c) Piqni peshkun në skarë për 3-4 minuta nga çdo anë ose derisa të gatuhet dhe të skuqet.
d) Ngrohni tortillat në skarë për rreth 30 sekonda për çdo anë.
e) Për të mbledhur tacos, vendosni pak lakër të grirë në secilën tortilla, sipër me peshk të pjekur në skarë, feta avokado dhe pak salcë chimichurri.
f) Shërbejini takos me copa lime anash. Kënaquni!

47. Peshku shpatë Chimichurri i pjekur në skarë

PËRBËRËSIT:
- 4 biftekë peshku shpatë
- Kripë dhe piper për shije
- 1 filxhan majdanoz i freskët, i grirë
- 1/4 filxhan cilantro e freskët, e copëtuar
- 3 thelpinj hudhre, te grira
- 1/4 filxhan uthull vere të kuqe
- 1/2 filxhan vaj ulliri
- 1 lugë çaji rigon të tharë
- 1/2 lugë çaji thekon piper të kuq (opsionale)

UDHËZIME:
a) Ngrohni grilën tuaj në nxehtësi mesatare-të lartë.
b) I rregullojmë biftekët e peshkut shpatë me kripë dhe piper.
c) Në një tas, përzieni majdanozin e grirë, cilantron, hudhrën e grirë, uthullën e verës së kuqe, vajin e ullirit, rigonin e tharë dhe thekonet e piperit të kuq për të bërë salcën chimichurri.
d) Piqini në skarë biftekët e peshkut shpatë për rreth 4-5 minuta në çdo anë, ose derisa të jenë gatuar dhe të kenë shenja të bukura në skarë.
e) Hiqni peshkun shpatë nga skarë dhe sipër çdo biftek me një lugë bujare salcë chimichurri.
f) Shërbejeni të nxehtë me pjatat tuaja të preferuara.

48. Scallops Chimichurri Grill

PËRBËRËSIT:
- 1 lb fiston të freskët, të pastruar
- Kripë dhe piper për shije
- 1 filxhan majdanoz i freskët, i grirë
- 1/4 filxhan cilantro e freskët, e copëtuar
- 3 thelpinj hudhre, te grira
- 1/4 filxhan uthull vere të kuqe
- 1/2 filxhan vaj ulliri
- 1 lugë çaji rigon të tharë
- 1/2 lugë çaji thekon piper të kuq (opsionale)

UDHËZIME:
a) Ngrohni grilën tuaj në nxehtësi mesatare-të lartë.
b) I rregullojmë fistonët me kripë dhe piper.
c) Në një tas, bashkoni majdanozin e grirë, cilantro, hudhrën e grirë, uthullën e verës së kuqe, vajin e ullirit, rigonin e tharë dhe thekonet e piperit të kuq për të bërë salcën chimichurri.
d) Fistoni fiston në hell.
e) Grijini fistonët në skarë për 2-3 minuta nga çdo anë, ose derisa të jenë të errëta dhe të gatuara.
f) Hiqni fiston nga grili dhe lyejini me salcën chimichurri.
g) Shërbejeni të nxehtë me salcë shtesë chimichurri anash.

49. Bishtat e karavidheve të pjekur në skarë

PËRBËRËSIT:
- 4 bishta karavidhesh, të ndara në gjysmë për së gjati
- Kripë dhe piper për shije
- 1 filxhan majdanoz i freskët, i grirë
- 1/4 filxhan cilantro e freskët, e copëtuar
- 3 thelpinj hudhre, te grira
- 1/4 filxhan uthull vere të kuqe
- 1/2 filxhan vaj ulliri
- 1 lugë çaji rigon të tharë
- 1/2 lugë çaji thekon piper të kuq (opsionale)

UDHËZIME:
a) Ngrohni grilën tuaj në nxehtësi mesatare-të lartë.
b) I rregulloni bishtat e karavidheve të ndarë me kripë dhe piper.
c) Në një tas, përzieni majdanozin e grirë, cilantron, hudhrën e grirë, uthullën e verës së kuqe, vajin e ullirit, rigonin e tharë dhe thekonet e piperit të kuq për të bërë salcën chimichurri.
d) Piqni në skarë bishtat e karavidheve nga ana e mishit poshtë për rreth 5-6 minuta.
e) Ktheni bishtat e karavidheve dhe lyejini me furçë bujare me salcën chimichurri.
f) Piqeni në skarë për 4-5 minuta të tjera, ose derisa mishi i karavidheve të jetë i errët dhe i gatuar.
g) Shërbejeni të nxehtë me salcë shtesë chimichurri anash.

50. Salmon i pjekur në skarë Chimichurri

PËRBËRËSIT:

- 4 fileto salmon
- Kripë dhe piper për shije
- 1 filxhan majdanoz i freskët, i grirë
- 1/4 filxhan cilantro e freskët, e copëtuar
- 3 thelpinj hudhre, te grira
- 1/4 filxhan uthull vere të kuqe
- 1/2 filxhan vaj ulliri
- 1 lugë çaji rigon të tharë
- 1/2 lugë çaji thekon piper të kuq (opsionale)
- Copa limoni, për servirje

UDHËZIME:

a) Ngrohni grilën tuaj në nxehtësi mesatare-të lartë.
b) I rregullojmë filetot e salmonit me kripë dhe piper.
c) Në një tas, përzieni majdanozin e grirë, cilantron, hudhrën e grirë, uthullën e verës së kuqe, vajin e ullirit, rigonin e tharë dhe thekonet e piperit të kuq për të bërë salcën chimichurri.
d) Grijini filetot e salmonit në skarë për 4-5 minuta nga çdo anë, ose derisa të jenë gatuar dhe të skuqen lehtësisht me një pirun.
e) Hiqni salmonin nga grili dhe lyejini me salcën chimichurri.
f) Shërbejeni salmonin e pjekur në skarë, me copa limoni anash.

51. Kallamar Chimichurri i pjekur në skarë

PËRBËRËSIT:
- 1 lb kallamar të freskët, të pastruar dhe me tuba të prerë në unaza
- Kripë dhe piper për shije
- 1 filxhan majdanoz i freskët, i grirë
- 1/4 filxhan cilantro e freskët, e copëtuar
- 3 thelpinj hudhre, te grira
- 1/4 filxhan uthull vere të kuqe
- 1/2 filxhan vaj ulliri
- 1 lugë çaji rigon të tharë
- 1/2 lugë çaji thekon piper të kuq (opsionale)

UDHËZIME:
a) Ngrohni grilën tuaj në nxehtësi mesatare-të lartë.
b) Rrapat e kallamarëve i rregullojmë me kripë dhe piper.
c) Në një tas, përzieni majdanozin e grirë, cilantron, hudhrën e grirë, uthullën e verës së kuqe, vajin e ullirit, rigonin e tharë dhe thekonet e piperit të kuq për të bërë salcën chimichurri.
d) Ndani unazat e kallamarëve në hell.
e) Grijini kallamarët në skarë për 1-2 minuta në çdo anë, ose derisa të jenë të errët dhe të sapo gatuar.
f) Hiqni kallamarët nga grilli dhe spërkatni me salcën chimichurri.
g) Shërbejeni të nxehtë me copa limoni dhe salcë shtesë chimichurri anash.

52. Chimichurri Mahi Mahi i pjekur në skarë

PËRBËRËSIT:
- 4 fileto mahi mahi
- Kripë dhe piper për shije
- 1 filxhan majdanoz i freskët, i grirë
- 1/4 filxhan cilantro e freskët, e copëtuar
- 3 thelpinj hudhre, te grira
- 1/4 filxhan uthull vere të kuqe
- 1/2 filxhan vaj ulliri
- 1 lugë çaji rigon të tharë
- 1/2 lugë çaji thekon piper të kuq (opsionale)

UDHËZIME:
a) Ngrohni grilën tuaj në nxehtësi mesatare-të lartë.
b) I rregullojmë filetot mahi mahi me kripë dhe piper.
c) Në një tas, bashkoni majdanozin e grirë, cilantro, hudhrën e grirë, uthullën e verës së kuqe, vajin e ullirit, rigonin e tharë dhe thekonet e piperit të kuq për të bërë salcën chimichurri.
d) Grijini filetot mahi mahi për rreth 4-5 minuta nga çdo anë, ose derisa të jenë gatuar dhe të kenë shenja grili.
e) Hiqni mahi mahi nga skarë dhe sipër çdo fileto me një lugë bujare salcë chimichurri.
f) Shërbejeni të nxehtë me pjatat anësore që keni zgjedhur.

53. Biftekë ton Chimichurri të pjekur në skarë

PËRBËRËSIT:

- 4 biftekë ton
- Kripë dhe piper për shije
- 1 filxhan majdanoz i freskët, i grirë
- 1/4 filxhan cilantro e freskët, e copëtuar
- 3 thelpinj hudhre, te grira
- 1/4 filxhan uthull vere të kuqe
- 1/2 filxhan vaj ulliri
- 1 lugë çaji rigon të tharë
- 1/2 lugë çaji thekon piper të kuq (opsionale)

UDHËZIME:

a) Ngrohni grilën tuaj në nxehtësi mesatare-të lartë.
b) I rregullojmë biftekët e tonit me kripë dhe piper.
c) Në një tas, përzieni majdanozin e grirë, cilantron, hudhrën e grirë, uthullën e verës së kuqe, vajin e ullirit, rigonin e tharë dhe thekonet e piperit të kuq për të bërë salcën chimichurri.
d) Piqini në skarë biftekët e tonit për rreth 2-3 minuta nga çdo anë për të rralla mesatare, ose më gjatë në gatishmërinë tuaj të dëshiruar.
e) Hiqni biftekët e tonit nga grili dhe lyejini me salcën chimichurri.
f) Shërbejeni të nxehtë me salcë shtesë chimichurri anash.

CHIMICHURRI DHE SALALATA

54. Chimichurri Slaw

PËRBËRËSIT:
- 1½ filxhan lakër të grirë
- 1 avokado mesatare (e prerë në kubikë)
- 2 lugë qepë të kuqe
- 2 lugë gjelle cilantro të copëtuar
- ½ gëlqere (lëng)
- ¼ lugë çaji kripë
- 3 lugë gjelle chimichurri (recetë)

UDHËZIME
a) Pritini ose prisni lakrën dhe shtoni në një tas.
b) Sipër shtoni avokado të prerë në kubikë, qepë të copëtuar dhe cilantro.
c) Shtoni lëngun e gjysmës së gëlqeres, kripën dhe salcën Chimichurri.
d) Përziejini butësisht për të përzier shijet.

55. Sallatë Chimichurri me mish derri

PËRBËRËSIT:

- Bërxolla derri, një kile
- Të gjelbra, gjashtë okë
- Domate qershi, dy gota
- Vaj ulliri, një lugë gjelle
- Uthull, një lugë gjelle
- Majdanoz, sipas nevojës
- Çipotle, gjysma
- Gjethet e rigonit sipas nevojës
- Kripë dhe piper, sipas nevojës
- Salcë Chimichurri, për shije

UDHËZIME:

a) Në një përpunues ushqimi, kombinoni vajin e ullirit, uthullën, majdanozin, gjethet e rigonit dhe çipsin. I rregullojmë me kripë dhe piper dhe e lëmë mënjanë.

b) Ngrohni një brojler. Rreshtoni një fletë pjekjeje të rrethuar me fletë metalike dhe spërkateni me vaj gatimi.

c) Vendosni mishin e derrit në tepsi dhe spërkatni të dyja anët me kripë dhe piper. Ziejini derisa temperatura e brendshme të arrijë 145 gradë, pesë minuta për anë. Hiqeni mishin e derrit nga broileri dhe lëreni të pushojë për pesë minuta.

d) Ndërkohë, në një tas të madh, kombinoni zarzavatet, domatet qershi, djathin dhe salcën chimichurri sipas shijes. Rregulloni sallatën në pjata ose në një pjatë.

e) Rregulloni sipër sallatës, spërkatni me salcë shtesë dhe shërbejeni.

56. Sallatë me patate Chimichurri

PËRBËRËSIT:
- 2 kg patate, të lara dhe të prera në kubikë
- Kripë dhe piper për shije
- 1 filxhan majdanoz i freskët, i grirë
- 1/4 filxhan cilantro e freskët, e copëtuar
- 3 thelpinj hudhre, te grira
- 1/4 filxhan uthull vere të kuqe
- 1/2 filxhan vaj ulliri
- 1 lugë çaji rigon të tharë
- 1/2 lugë çaji thekon piper të kuq (opsionale)
- 1/2 qepë e kuqe, e prerë hollë
- 1/4 filxhan qepë të njoma të copëtuara (qepëza)

UDHËZIME:
a) Vendosni patatet e prera në kubikë në një tenxhere me ujë të kripur dhe lërini të vlojnë. Gatuani derisa patatet të jenë të buta, rreth 10-15 minuta.

b) Ndërsa patatet janë duke u gatuar, përgatisni salcën chimichurri. Në një tas përzieni majdanozin e grirë, cilantron, hudhrën e grirë, uthullën e verës së kuqe, vajin e ullirit, rigonin e tharë dhe thekonet e piperit të kuq. I rregullojmë me kripë dhe piper sipas shijes.

c) Kulloni patatet e gatuara dhe lërini të ftohen pak.

d) Në një tas të madh përzierjeje, bashkoni patatet e gatuara me qepën e kuqe të prerë në feta dhe qepët e njoma të grira.

e) Hidhni salcën chimichurri mbi përzierjen e patates dhe hidheni derisa të mbulohet në mënyrë të barabartë.

f) Rregulloni erëzat nëse është e nevojshme dhe shërbejeni sallatën me patate në temperaturë ambienti ose të ftohur.

57. Sallatë Chimichurri Quinoa

PËRBËRËSIT:

- 1 filxhan quinoa, e shpëlarë
- 2 gota ujë ose lëng perimesh
- Kripë dhe piper për shije
- 1 filxhan majdanoz i freskët, i grirë
- 1/4 filxhan cilantro e freskët, e copëtuar
- 3 thelpinj hudhre, te grira
- 1/4 filxhan uthull vere të kuqe
- 1/2 filxhan vaj ulliri
- 1 lugë çaji rigon të tharë
- 1/2 lugë çaji thekon piper të kuq (opsionale)
- 1 spec i kuq zile, i prerë në kubikë
- 1 kastravec i prerë në kubikë
- 1/4 filxhan qepë të kuqe të prerë në kubikë
- 1/4 filxhan djathë feta të thërrmuar (opsionale)

UDHËZIME:

a) Në një tenxhere të mesme vendosim ujin ose lëngun e perimeve të ziejnë. Hidhni kuinoan dhe ulni zjarrin në minimum. Mbulojeni dhe ziejini për 15-20 minuta, ose derisa kuinoa të jetë gatuar dhe lëngu të përthithet.

b) Fryni me pirun kuinoan e gatuar dhe lëreni të ftohet pak.

c) Ndërsa quinoa është duke u gatuar, përgatisni salcën chimichurri. Në një tas përzieni majdanozin e grirë, cilantron, hudhrën e grirë, uthullën e verës së kuqe, vajin e ullirit, rigonin e tharë dhe thekonet e piperit të kuq. I rregullojmë me kripë dhe piper sipas shijes.

d) Në një tas të madh përzierjeje, kombinoni kuinoan e gatuar me specin e kuq të prerë në kubikë, kastravecin dhe qepën e kuqe.

e) Hidhni salcën chimichurri mbi përzierjen e quinoas dhe hidheni derisa të mbulohet në mënyrë të barabartë.

f) Nëse dëshironi, spërkatni sipër djathin feta të grimcuar përpara se ta shërbeni.
g) Shërbejeni sallatën me quinoa në temperaturë ambienti ose të ftohur.

58. Sallatë me misër Chimichurri

PËRBËRËSIT:
- 4 kallinj misri, të zhveshur
- Kripë dhe piper për shije
- 1 filxhan majdanoz i freskët, i grirë
- 1/4 filxhan cilantro e freskët, e copëtuar
- 3 thelpinj hudhre, te grira
- 1/4 filxhan uthull vere të kuqe
- 1/2 filxhan vaj ulliri
- 1 lugë çaji rigon të tharë
- 1/2 lugë çaji thekon piper të kuq (opsionale)
- 1 qepë e kuqe, e grirë hollë (sipas dëshirës)
- 1 spec zile, i prerë në kubikë (sipas dëshirës)
- Domate qershi, të përgjysmuara (opsionale)

UDHËZIME:
a) Ngrohni grilën tuaj në nxehtësi mesatare-të lartë.
b) I rregullojmë kallinjtë me kripë dhe piper.
c) Grini misrin në skarë, duke e kthyer herë pas here, derisa të karbonizohet lehtë nga të gjitha anët, rreth 8-10 minuta.
d) Hiqeni misrin nga grila dhe lëreni të ftohet pak.
e) Pasi të jenë ftohur, pritini kokrrat nga kalli dhe transferojini në një tas të madh përzierjeje.
f) Në një tas të veçantë, përzieni së bashku majdanozin e grirë, cilantro, hudhrën e grirë, uthullën e verës së kuqe, vajin e ullirit, rigonin e tharë dhe thekonet e piperit të kuq për të bërë salcën chimichurri.
g) Në tasin me kokrrat e misrit shtoni salcën chimichurri.
h) Nëse dëshironi, shtoni qepë të kuqe të copëtuar, piper zile të prerë në kubikë dhe domate qershi të përgjysmuara për aromë dhe strukturë shtesë.
i) Hidheni sallatën butësisht për ta kombinuar.

j) Shërbejeni sallatën e misrit në temperaturën e dhomës ose të ftohur, të zbukuruar me majdanoz shtesë të grirë dhe cilantro nëse dëshironi.

59. Sallatë me avokado Chimichurri

PËRBËRËSIT:

- 2 avokado të pjekura, të prera në kubikë
- 1 filxhan domate qershi, të përgjysmuara
- 1/4 filxhan qepë të kuqe, të grirë hollë
- 1/4 filxhan kastravec, të prerë në kubikë
- Kripë dhe piper për shije
- 1 filxhan majdanoz i freskët, i grirë
- 1/4 filxhan cilantro e freskët, e copëtuar
- 3 thelpinj hudhre, te grira
- 1/4 filxhan uthull vere të kuqe
- 1/2 filxhan vaj ulliri
- 1 lugë çaji rigon të tharë
- 1/2 lugë çaji thekon piper të kuq (opsionale)

UDHËZIME:

a) Në një tas të madh përzierjeje, bashkoni avokadon e prerë në kubikë, domatet qershi të përgjysmuara, qepën e kuqe të copëtuar dhe kastravecin e prerë në kubikë.

b) E rregullojmë sallatën me kripë dhe piper sipas shijes.

c) Në një tas të veçantë, përzieni së bashku majdanozin e grirë, cilantro, hudhrën e grirë, uthullën e verës së kuqe, vajin e ullirit, rigonin e tharë dhe thekonet e piperit të kuq për të bërë salcën chimichurri.

d) Hidhni salcën chimichurri mbi sallatën me avokado.

e) Hidhni butësisht sallatën që të lyhen përbërësit me salcën chimichurri.

f) Shërbejeni sallatën me avokado menjëherë si një pjatë anësore freskuese ose drekë të lehtë.

60. Sallatë me makarona Chimichurri

PËRBËRËSIT:

- 8 oz makarona (të tilla si pene ose rotina), të gatuara sipas udhëzimeve të paketimit
- 1 filxhan domate qershi, të përgjysmuara
- 1/4 filxhan qepë të kuqe, të grirë hollë
- 1/4 filxhan kastravec, të prerë në kubikë
- Kripë dhe piper për shije
- 1 filxhan majdanoz i freskët, i grirë
- 1/4 filxhan cilantro e freskët, e copëtuar
- 3 thelpinj hudhre, te grira
- 1/4 filxhan uthull vere të kuqe
- 1/2 filxhan vaj ulliri
- 1 lugë çaji rigon të tharë
- 1/2 lugë çaji thekon piper të kuq (opsionale)

UDHËZIME:

a) Në një tas të madh përzierjeje, bashkoni makaronat e gatuara, domatet qershi të përgjysmuara, qepën e kuqe të copëtuar dhe kastravecin e prerë në kubikë.
b) Sallatën me makarona e rregullojmë me kripë dhe piper sipas shijes.
c) Në një tas të veçantë, përzieni së bashku majdanozin e grirë, cilantro, hudhrën e grirë, uthullën e verës së kuqe, vajin e ullirit, rigonin e tharë dhe thekonet e piperit të kuq për të bërë salcën chimichurri.
d) Hidhni salcën chimichurri mbi sallatën e makaronave.
e) Hidhni butësisht sallatën që të lyhen përbërësit me salcën chimichurri.
f) Shërbejeni sallatën e makaronave në temperaturën e dhomës ose të ftohur si një pjatë e shijshme anësore ose një opsion vakt i lehtë.

61. Sallatë me fasule të zezë Chimichurri

PËRBËRËSIT:

- 2 kanaçe (15 ons secila) fasule të zeza, të kulluara dhe të shpëlarë
- 1 filxhan kokrra misri (të freskëta ose të shkrira nëse janë të ngrira)
- 1 spec i kuq zile, i prerë në kubikë
- 1/4 filxhan qepë të kuqe, të grirë hollë
- Kripë dhe piper për shije
- 1 filxhan majdanoz i freskët, i grirë
- 1/4 filxhan cilantro e freskët, e copëtuar
- 3 thelpinj hudhre, te grira
- 1/4 filxhan uthull vere të kuqe
- 1/2 filxhan vaj ulliri
- 1 lugë çaji rigon të tharë
- 1/2 lugë çaji thekon piper të kuq (opsionale)

UDHËZIME:

a) Në një tas të madh përzierjeje, kombinoni fasulet e zeza, kokrrat e misrit, piperin e kuq të prerë në kubikë dhe qepën e kuqe të copëtuar.

b) Sallatën me fasule të zezë e rregullojmë me kripë dhe piper sipas shijes.

c) Në një tas të veçantë, përzieni së bashku majdanozin e grirë, cilantro, hudhrën e grirë, uthullën e verës së kuqe, vajin e ullirit, rigonin e tharë dhe thekonet e piperit të kuq për të bërë salcën chimichurri.

d) Hidhni salcën chimichurri mbi sallatën e fasules së zezë.

e) Hidhni butësisht sallatën që të lyhen përbërësit me salcën chimichurri.

f) Lëreni sallatën të marinohet në frigorifer për të paktën 30 minuta në mënyrë që shijet të bashkohen.

g) Shërbejeni sallatën me fasule të zezë të ftohur, të zbukuruar me majdanoz shtesë të grirë dhe cilantro nëse dëshironi.

62. Sallatë me kastravec Chimichurri

PËRBËRËSIT:
- 2 kastraveca, të prera hollë
- Kripë për shije
- 1/4 filxhan qepë të kuqe, të prerë hollë
- 1/4 filxhan domate qershi, të përgjysmuara
- 1/4 filxhan ullinj Kalamata, të papastër dhe të përgjysmuar
- 1/4 filxhan djathë feta, i grimcuar
- 1 filxhan majdanoz i freskët, i grirë
- 1/4 filxhan cilantro e freskët, e copëtuar
- 3 thelpinj hudhre, te grira
- 1/4 filxhan uthull vere të kuqe
- 1/2 filxhan vaj ulliri
- 1 lugë çaji rigon të tharë
- 1/2 lugë çaji thekon piper të kuq (opsionale)

UDHËZIME:
a) Kastravecat e prera i vendosim në një kullesë dhe i spërkasim me kripë. Lërini të qëndrojnë për rreth 15 minuta për të çliruar lagështinë e tepërt, më pas shpëlajini dhe thajini me peshqir letre.

b) Në një tas të madh përziejmë kastravecat e prera në feta, qepën e kuqe të prerë hollë, domatet qershi të përgjysmuara, ullinjtë Kalamata të përgjysmuar dhe djathin feta të grimcuar.

c) Në një tas të veçantë, përzieni së bashku majdanozin e grirë, cilantro, hudhrën e grirë, uthullën e verës së kuqe, vajin e ullirit, rigonin e tharë dhe thekonet e piperit të kuq për të bërë salcën chimichurri.

d) Hidhni salcën chimichurri mbi sallatën me kastravec.

e) Hidhni butësisht sallatën që të lyhen përbërësit me salcën chimichurri.

f) Lëreni sallatën të marinohet në frigorifer për të paktën 30 minuta në mënyrë që shijet të bashkohen.
g) Shërbejeni sallatën me kastravec të ftohur, të zbukuruar me majdanoz shtesë të grirë dhe cilantro nëse dëshironi.

63. Patate të pjekura Chimichurri

PËRBËRËSIT:
- 2 kg patate baby, të përgjysmuara
- Kripë dhe piper për shije
- 1 filxhan majdanoz i freskët, i grirë
- 1/4 filxhan cilantro e freskët, e copëtuar
- 3 thelpinj hudhre, te grira
- 1/4 filxhan uthull vere të kuqe
- 1/2 filxhan vaj ulliri
- 1 lugë çaji rigon të tharë
- 1/2 lugë çaji thekon piper të kuq (opsionale)

UDHËZIME:
a) Ngrohni furrën tuaj në 400°F (200°C).
b) Vendosni patatet baby të përgjysmuara në një tas të madh përzierjeje.
c) Spërkatni patatet me vaj ulliri dhe i rregulloni me kripë dhe piper për shije.
d) Hidhni patatet derisa të jenë të lyera në mënyrë të barabartë me vaj dhe erëza.
e) Përhapni patatet në një shtresë të vetme në një fletë pjekjeje.
f) Piqini patatet në furrën e nxehur më parë për 25-30 minuta, ose derisa të marrin ngjyrë të artë dhe krokante nga jashtë dhe të zbuten nga brenda, duke i trazuar deri në gjysmë.
g) Ndërkohë që patatet piqen, përgatisni salcën chimichurri. Në një tas përzieni majdanozin e grirë, cilantron, hudhrën e grirë, uthullën e verës së kuqe, vajin e ullirit, rigonin e tharë dhe thekonet e piperit të kuq.
h) Pasi patatet të jenë pjekur, transferojini në një enë për servirje.
i) Spërkatni salcën chimichurri mbi patatet e pjekura.

j) Shërbejini patatet të nxehta, të zbukuruara me majdanoz shtesë të grirë dhe cilantro nëse dëshironi.

CHIMICHURRI DHE SHPEZH

64. Pallards Chimichurri pule me patate të ëmbël

PËRBËRËSIT:
- 2 Patate të ëmbla
- 4 lugë qimnon
- 1 Limon
- 2 thelpinj hudhre
- $\frac{1}{4}$ oz majdanoz
- 4 oz domate rrushi
- 12 oz gjoks pule
- 1 lugë mjaltë
- 2 oz zarzavate të përziera
- Kripë
- Piper
- Vaj ulliri

UDHËZIME:
patate të ëmbla të pjekura:
a) Lani dhe thani të gjitha produktet.
b) Ngrohni furrën në 450°F (230°C).
c) Pritini patatet e ëmbla në copa $\frac{1}{2}$ inç të trasha.
d) Hidhni patatet e ëmbla në një fletë pjekjeje me pak vaj ulliri dhe 1 lugë qimnon. I rregullojmë me kripë dhe piper.
e) Piqeni në furrë derisa të zbuten dhe të jenë të freskëta, rreth 20-25 minuta.

PËRGATITJA:
f) Pritini limonin në katër pjesë.
g) Grini 1 thelpi hudhër dhe grijeni majdanozin imët.
h) Përgjysmoni domatet e rrushit.

BËNI CHIMICHURRI:
i) Në një tas të vogël, përzieni majdanozin, një majë hudhër, një shtrydhje limoni, 3 lugë gjelle vaj ulliri dhe $\frac{1}{2}$ lugë qimnon. I rregullojmë me bollëk kripë dhe piper. Rregulloni hudhrën dhe limonin sipas shijes.

PULË FLURA:
j) Thajeni pulën me një peshqir letre.
k) Prisni çdo gjoks pule ¾ të rrugës nga mesi, paralel me dërrasën e prerjes, duke e ndalur përpara se ta prisni plotësisht.
l) Hapni çdo gjoks pule si një libër dhe rregulloni të gjithë me kripë, piper dhe qimnon të mbetur.

Gatuani pulën dhe hidhni sallatë:
m) Ngrohni një pak vaj ulliri në një tigan të madh mbi nxehtësinë mesatare-të lartë.
n) Shtoni pulën dhe gatuajeni derisa të mos jetë më rozë në qendër, rreth 3-4 minuta për anë.
o) Ndërkohë, në një tas të madh, rrihni së bashku 1 lugë mjaltë, një shtrydhje me lëng limoni dhe pak vaj ulliri. Shtoni domatet dhe zarzavatet e përziera dhe hidhini në shtresë. I rregullojmë me kripë dhe piper.

SHËRBIMI:
p) Ndani pulën midis pjatave dhe spërkatni me chimichurri.
q) Shërbejeni me copa patate të ëmbël dhe sallatë anash.

65. Pulë e pjekur e së dielës me salcë Chimichurri

PËRBËRËSIT:
PER PULEN E PJEKUR
- 1 (3 deri në 4 kile) pulë e plotë
- 2 luge vaj ulliri
- ½ lugë çaji kripë
- ½ lugë çaji piper i zi i sapo bluar
- 4 thelpinj hudhre
- 1 limon

PËR salcë CHIMICHURRI
- 1 filxhan gjethe majdanoz të freskët të grirë hollë
- 3 thelpinj hudhre, te grira
- ½ filxhan vaj ulliri
- 3 lugë gjelle uthull vere të kuqe
- 1 djegës i vogël i kuq, me fara dhe të grirë (ose 1 lugë çaji thekon piper të kuq)
- ¾ lugë çaji rigon të tharë
- 1 lugë çaji kripë e trashë
- ½ lugë çaji piper i zi i sapo bluar

UDHËZIME:
PËR TË BËRË PULËN E PJEKËS
a) Ngrohni furrën në 400°F.
b) Hiqni gjilpërat dhe qafën nga pula, hidhni çdo paketim dhe vendosini në tiganin e pjekjes. Edhe nëse nuk planifikoni t'i hani ato, këto i japin shije të mirë stokut.
c) Shpëlajeni pjesën e brendshme të pulës nën ujë të rrjedhshëm të ftohtë, thajeni me një peshqir letre dhe vendoseni në tiganin për pjekje.
d) Fërkojeni të gjithë pulën me vaj ulliri, më pas spërkateni me bollëk brenda dhe jashtë me kripë dhe piper.

e) Thyejini thelpinjtë e hudhrës me anën e sheshtë të thikës dhe prisni limonin në gjysmë. Mbushni të gjitha në zgavrën e pulës.
f) Shtoni një ose dy inç ujë në fund të tiganit të pjekjes. Kjo do të sigurojë një pulë të lagësht dhe do t'ju lejojë të lani me lëngjet e tiganit çdo gjysmë ore, nëse dëshironi.
g) Vendoseni pulën në furrë dhe piqni për 1 orë e gjysmë. Lëkura duhet të jetë kafe dhe krokante, dhe lëngjet duhet të jenë të qarta. Krahët dhe këmbët duhet të jenë të lirshme nëse tunden. Nëse keni një termometër mishi, ngjiteni në pjesën më të mishit të gjoksit; temperatura duhet të regjistrohet 180°F.
h) Lëreni pulën të pushojë për të paktën 10 minuta përpara se ta gdhendni në mënyrë që lëngjet të zhyten përsëri në mish.

PËR TË BËRË SALCES CHIMICHURRI

i) Ndërsa mishi i pulës po piqet, përzieni majdanozin, hudhrën, vajin e ullirit, uthullën, djegësin, rigonin, kripën dhe piperin së bashku në një tas. Lyejeni pulën me salcë dhe/ose përdorni si garniturë kur e shërbeni.

66. Kupat e pulës Chimichurri

PËRBËRËSIT:
- 4 kofshë pule pa kocka dhe lëkurë (rreth 1 kile ose 455 g)
- 1 recetë salcë Chimichurri (faqe 19)
- 1 filxhan (165 g) oriz kaf
- 2 gota (470 ml) ujë
- Kripë Kosher dhe piper i zi i sapo bluar
- 8 speca piquillo
- 1 lugë gjelle (15 ml) avokado ose vaj ulliri ekstra të virgjër
- 1½ filxhan (105 g) lakër të kuqe të grirë imët
- 2 avokado, të qëruara, të prera dhe të prera hollë
- Fara kungulli të thekura

UDHËZIME:
a) Ngrohni furrën në 425°F (220°C, ose shenjën e gazit 7).
b) Shtoni pulën në një tas të madh së bashku me 2 lugë gjelle (30 ml) salcë Chimichurri. Hidheni në mënyrë që pula të jetë e veshur në mënyrë të barabartë. Mbulojeni dhe marinoni në frigorifer për të paktën 1 orë.
c) Shtoni orizin, ujin dhe pak kripë në një tenxhere mesatare dhe lëreni të ziejë. Ulni nxehtësinë në minimum, mbulojeni dhe gatuajeni derisa orizi të jetë i butë, rreth 40 minuta. Hiqeni nga zjarri dhe ziejini orizin me kapak në avull për 10 minuta.
d) I hedhim specat me vaj, kripë dhe piper dhe i shpërndajmë në një shtresë të barabartë në njërën anë të një tepsie me buzë. Hiqni kofshët e pulës nga marinada dhe shtoni në anën tjetër të tepsisë. Pjekim për 10 minuta, më pas kthejmë specat. Vazhdoni pjekjen derisa pula të gatuhet dhe specat të jenë skuqur lehtë, 10 deri në 15 minuta më shumë.

e) Për ta servirur, ndajeni orizin midis tasave. Sipër pule, speca të pjekur, lakër të kuqe dhe avokado. Hidhni sipër pjesën e mbetur të salcës Chimichurri dhe spërkatni me farat e thekura të kungujve.

67. Gjoksi i pulës Chimichurri

PËRBËRËSIT:

- 4 gjoks pule pa kocka dhe pa lëkurë
- Kripë dhe piper për shije
- 1 filxhan majdanoz i freskët, i grirë
- 1/4 filxhan cilantro e freskët, e copëtuar
- 3 thelpinj hudhre, te grira
- 1/4 filxhan uthull vere të kuqe
- 1/2 filxhan vaj ulliri
- 1 lugë çaji rigon të tharë
- 1/2 lugë çaji thekon piper të kuq (opsionale)

UDHËZIME:

a) Ngrohni furrën tuaj në 375°F (190°C).
b) I rregullojmë gjokset e pulës me kripë dhe piper.
c) Në një tas, përzieni majdanozin e grirë, cilantron, hudhrën e grirë, uthullën e verës së kuqe, vajin e ullirit, rigonin e tharë dhe thekonet e piperit të kuq për të bërë salcën chimichurri.
d) Vendosni gjokset e pulës në një enë pjekjeje dhe shpërndani një sasi të bollshme salcë chimichurri mbi çdo gjoks, duke i rezervuar disa për servirje.
e) Piqeni në furrën e nxehur më parë për 25-30 minuta, ose derisa pula të jetë pjekur dhe të mos jetë më rozë në qendër.
f) E heqim nga furra dhe e leme te pushoje per disa minuta para se ta servirim.
g) I shërbejmë gjokset e pulës chimichurri të nxehtë, me salcë shtesë chimichurri sipër.

68. Qofte Chimichurri gjeldeti

PËRBËRËSIT:
- 1 lb gjeldeti i bluar
- 1/2 filxhan thërrime buke
- 1/4 filxhan djathë parmixhano të grirë
- 1 vezë
- Kripë dhe piper për shije
- 1 filxhan majdanoz i freskët, i grirë
- 1/4 filxhan cilantro e freskët, e copëtuar
- 3 thelpinj hudhre, te grira
- 1/4 filxhan uthull vere të kuqe
- 1/2 filxhan vaj ulliri
- 1 lugë çaji rigon të tharë
- 1/2 lugë çaji thekon piper të kuq (opsionale)

UDHËZIME:
a) Ngrohni furrën tuaj në 375°F (190°C) dhe vendosni një fletë pjekjeje me letër pergamene.
b) Në një tas të madh, kombinoni gjelin e bluar, thërrimet e bukës, djathin parmixhano, vezën, kripën dhe piperin. Përziejini derisa të bashkohen mirë.
c) E rrotullojmë masën në qofte dhe i vendosim në tepsi të përgatitur.
d) Në një tas të veçantë, përzieni së bashku majdanozin e grirë, cilantro, hudhrën e grirë, uthullën e verës së kuqe, vajin e ullirit, rigonin e tharë dhe thekonet e piperit të kuq për të bërë salcën chimichurri.
e) Lyeni me furçë salcën chimichurri mbi qofte, duke i rezervuar disa për servirje.
f) Piqini në furrën e nxehur më parë për 20-25 minuta, ose derisa qoftet të jenë pjekur.
g) Hiqini nga furra dhe lërini të ftohen për disa minuta para se t'i shërbeni.

h) Shërbejini qoftet e gjelit të detit chimichurri të nxehtë, me salcë shtesë chimichurri anash për zhytje.

69. Skewers pule Chimichurri Grill

PËRBËRËSIT:
- 1 paund kofshë pule pa kocka, pa lëkurë, të prera në copa sa një kafshatë
- Kripë dhe piper për shije
- 1 filxhan majdanoz i freskët, i grirë
- 1/4 filxhan cilantro e freskët, e copëtuar
- 3 thelpinj hudhre, te grira
- 1/4 filxhan uthull vere të kuqe
- 1/2 filxhan vaj ulliri
- 1 lugë çaji rigon të tharë
- 1/2 lugë çaji thekon piper të kuq (opsionale)

UDHËZIME:
a) I rregullojmë copat e kofshëve të pulës me kripë dhe piper.
b) Në një tas, përzieni majdanozin e grirë, cilantron, hudhrën e grirë, uthullën e verës së kuqe, vajin e ullirit, rigonin e tharë dhe thekonet e piperit të kuq për të bërë salcën chimichurri.
c) Vendosni copat e pulës në hell.
d) Ngrohni grilën tuaj në nxehtësi mesatare-të lartë.
e) Grijini hellet e pulës në skarë për 4-5 minuta nga çdo anë, ose derisa të gatuhen dhe të mos jenë më rozë në qendër.
f) Hiqini nga grili dhe lërini të pushojnë për disa minuta para se t'i shërbeni.
g) Shërbejini hellet e pulës të pjekur në skarë të nxehtë, me salcë shtesë chimichurri anash për zhytje.

70. Gjoks pule të mbushur Chimichurri

PËRBËRËSIT:
- 4 gjoks pule pa kocka dhe pa lëkurë
- Kripë dhe piper për shije
- 1 filxhan majdanoz i freskët, i grirë
- 1/4 filxhan cilantro e freskët, e copëtuar
- 3 thelpinj hudhre, te grira
- 1/4 filxhan uthull vere të kuqe
- 1/2 filxhan vaj ulliri
- 1 lugë çaji rigon të tharë
- 1/2 lugë çaji thekon piper të kuq (opsionale)
- 4 feta djathë mocarela
- 1/4 filxhan domate të thara në diell, të copëtuara

UDHËZIME:
a) Ngrohni furrën tuaj në 375°F (190°C).
b) I rregullojmë gjokset e pulës me kripë dhe piper.
c) Në një tas, përzieni majdanozin e grirë, cilantron, hudhrën e grirë, uthullën e verës së kuqe, vajin e ullirit, rigonin e tharë dhe thekonet e piperit të kuq për të bërë salcën chimichurri.
d) Fluturoni çdo gjoks pule duke e prerë horizontalisht në qendër, duke pasur kujdes që të mos e prisni deri në fund. Hapni çdo gjoks si një libër.
e) Vendosni një fetë djathë mocarela dhe një lugë domate të thara në diell në gjysmën e çdo gjoksi pule. Palosni gjysmën tjetër për të mbyllur mbushjen.
f) Vendosni gjokset e mbushura të pulës në një enë pjekjeje dhe shpërndani një sasi bujare salcë chimichurri mbi çdo gjoks, duke i rezervuar disa për servirje.
g) Piqeni në furrën e nxehur më parë për 25-30 minuta, ose derisa pula të jetë pjekur dhe të mos jetë më rozë në qendër.

h) Hiqini nga furra dhe lërini të pushojnë për disa minuta para se t'i shërbeni.
i) I shërbejmë gjokset e pulës të mbushura me chimichurri të nxehtë, me salcë shtesë chimichurri sipër.

CHIMICHURRI DHE MISH

71. Pjatë me perime Chimichurri në skarë

PËRBËRËSIT:

- Perime të ndryshme për pjekje (të tilla si speca zile, kungull i njomë, patëllxhan, kërpudha dhe shparg)
- Kripë dhe piper për shije
- 1 filxhan majdanoz i freskët, i grirë
- 1/4 filxhan cilantro e freskët, e copëtuar
- 3 thelpinj hudhre, te grira
- 1/4 filxhan uthull vere të kuqe
- 1/2 filxhan vaj ulliri
- 1 lugë çaji rigon të tharë
- 1/2 lugë çaji thekon piper të kuq (opsionale)

UDHËZIME:

a) Ngrohni grilën tuaj në nxehtësi mesatare-të lartë.
b) Pritini perimet në copa të mëdha.
c) I rregullojmë perimet me kripë dhe piper.
d) Në një tas, përzieni majdanozin e grirë, cilantron, hudhrën e grirë, uthullën e verës së kuqe, vajin e ullirit, rigonin e tharë dhe thekonet e piperit të kuq për të bërë salcën chimichurri.
e) Ziejini perimet në skarë për 5-8 minuta, duke i kthyer herë pas here, derisa të zbuten dhe të karbonizohen lehtë.
f) Rregulloni perimet e pjekura në skarë në një pjatë.
g) Hidhni salcën chimichurri mbi perimet e pjekura në skarë.
h) E servirim pjatën e perimeve të nxehtë, me salcë shtesë chimichurri anash.

72. Brisket i pjekur në skarë me salcë Chimichurri

PËRBËRËSIT:
- 4-5 paund gjoks viçi
- Kripë dhe piper për shije

Salca CHIMICHURRI:
- 1 filxhan majdanoz i freskët, i grirë imët
- 1/4 filxhan cilantro të freskët, të copëtuar imët
- 4 thelpinj hudhre, te grira
- 1/4 filxhan uthull vere të kuqe
- 1/4 filxhan vaj ulliri
- 1 lugë çaji rigon të tharë
- Kripë dhe piper për shije

UDHËZIME:
a) Ngrohni grilën tuaj në nxehtësi mesatare.
b) I rregullojmë gjoksin me kripë dhe piper.
c) Në një enë bashkojmë të gjithë përbërësit për salcën chimichurri dhe i përziejmë mirë.
d) Vendoseni gjoksin e kalitur në skarë dhe mbyllni kapakun.
e) Piqeni në skarë për rreth 1,5 deri në 2 orë për kile, ose derisa temperatura e brendshme të arrijë rreth 195°F (90°C) deri në 203°F (95°C) dhe gjoksi të jetë i butë.
f) Hiqeni gjoksin nga grila dhe lëreni të pushojë për të paktën 30 minuta.
g) Pritini gjoksin në feta kundër kokrrës.
h) Spërkateni gjoksin e prerë me salcë chimichurri ose shërbejeni salcën anash.
i) Shërbejeni gjoksin e pjekur në skarë me salcë chimichurri.

73. Biftek i pjekur në skarë me fruta pasioni Chimichurri

PËRBËRËSIT:
- 2 biftekë ribeye ose fileto
- Kripë dhe piper për shije
- Lëng nga 2 fruta pasioni
- 2 luge vaj ulliri
- 2 lugë gjelle uthull vere të kuqe
- 1 filxhan gjethe majdanoz të freskët, të copëtuara
- 3 thelpinj hudhre, te grira
- 1 lugë çaji rigon të tharë

UDHËZIME:
a) Ngrohni grilën në nxehtësi mesatare-të lartë.
b) I rregullojmë biftekët me kripë dhe piper.
c) Në një tas të vogël, përzieni lëngun e frutave të pasionit, vajin e ullirit, uthullën e verës së kuqe, majdanozin e grirë, hudhrën e grirë dhe rigonin e tharë për të bërë salcën chimichurri.
d) Piqini biftekët në skarë për 4-5 minuta nga çdo anë, ose në nivelin e dëshiruar të gatishmërisë.
e) Hiqni biftekët nga grili dhe lërini të pushojnë për disa minuta.
f) Pritini biftekët dhe hidhni sipër salcën e frutave të pasionit chimichurri.
g) Shërbejeni me patate të pjekura ose një sallatë anësore.

74. Tasat Taco me mish qengji dhe lulelakër të pjekur Me Çimiçurrin

PËRBËRËSIT:
- 8 rrepka, të prera hollë
- ½ filxhan (120 ml) uthull të bardhë
- 2½ gota (590 ml) ujë, të ndarë
- Kripë Kosher dhe piper i zi i sapo bluar
- ½ kokë lulelakër, e prerë në lule të vogla (rreth 3 gota, ose 400 g) 2 lugë (30 ml) avokado ose vaj ulliri ekstra të virgjër, të ndarë
- 1 lugë çaji (2 g) qimnon i bluar 1 lugë çaji (2 g) hudhër pluhur
- ½ lugë çaji thekon piper të kuq
- ¾ filxhan (125 gr) freekeh i plasaritur
- 1 paund (455 g) qengji i sipërm i rrumbullakët, i prerë në kube 1 inç (2,5 cm)
- 1 lugë çaji (2 g) paprika e tymosur
- 2 avokado, të qëruara, të prera dhe të prera në feta hollë
- 1 recetë salcë Chimichurri
- Fara kungulli të thekura

UDHËZIME
a) Ngrohni furrën në 400°F (200°C, ose shenjën e gazit 6).
b) Shtoni rrepkat e prera në një tas mesatar. Sillni uthullën, ½ filxhan (120 ml) ujë dhe ½ lugë çaji kripë të ziejnë në një tenxhere mesatare, duke e trazuar për të tretur kripën. Hidhni lëngun e nxehtë mbi rrepka; le menjane. Shpëlajeni tenxheren.
c) Hidhni lulelakrën me 1 lugë gjelle (15 ml) vaj, qimnon, pluhur hudhre, thekon piper të kuq, kripë dhe piper. Rregulloni në një shtresë të vetme në një tepsi të mbyllur. Piqini derisa të zbuten dhe të skuqen lehtë,

rreth 20 minuta, duke e përzier një herë në gjysmë të rrugës.

d) Ndërkohë, bashkoni freekeh-un, 2 gota të mbetura (470 ml) ujë dhe një majë bujare kripë në një tenxhere mesatare. Lëreni të vlojë, më pas ulni nxehtësinë në të ulët dhe ziejini për 15 minuta, duke e përzier herë pas here, derisa të përthithet i gjithë lëngu dhe të zbutet freekeh. E heqim nga zjarri, e mbulojmë me kapak dhe e ziejmë me avull për rreth 5 minuta.

e) Thajeni plotësisht qengjin dhe e rregulloni me paprika, kripë dhe piper. Ngrohni 1 lugë gjelle të mbetur (15 ml) vaj në një tigan të madh mbi nxehtësi të lartë derisa të nxehet shumë, por ende të mos pihet duhan. Ziejeni qengjin për 2 minuta nga secila anë.

f) Kullojeni lëngun nga rrepka. Për ta shërbyer, ndajeni freekeh-un midis tasave. Sipër shtoni lulelakër të pjekur, mish qengji dhe avokado.

g) Spërkateni me salcë Chimichurri dhe spërkatni me farat e kungujve.

75. Biftek Chimichurri i pjekur në skarë

PËRBËRËSIT:

- 4 biftekë viçi (si p.sh. ribeye ose fileto), rreth 1 inç të trasha
- Kripë dhe piper për shije
- 1 filxhan majdanoz i freskët, i grirë
- 1/4 filxhan cilantro e freskët, e copëtuar
- 3 thelpinj hudhre, te grira
- 1/4 filxhan uthull vere të kuqe
- 1/2 filxhan vaj ulliri
- 1 lugë çaji rigon të tharë
- 1/2 lugë çaji thekon piper të kuq (opsionale)

UDHËZIME:

a) Ngrohni grilën tuaj në nxehtësi mesatare-të lartë.
b) I rregullojmë biftekët me kripë dhe piper.
c) Në një tas, përzieni majdanozin e grirë, cilantron, hudhrën e grirë, uthullën e verës së kuqe, vajin e ullirit, rigonin e tharë dhe thekonet e piperit të kuq për të bërë salcën chimichurri.
d) Piqini biftekët në skarë për 4-5 minuta nga çdo anë për gatishmëri mesatare-të rralla, ose më gjatë në nivelin e dëshiruar të gatishmërisë.
e) Hiqni biftekët nga grili dhe lërini të pushojnë për disa minuta.
f) Pritini biftekët e pjekur në skarë kundër kokrrës dhe shërbejini të nxehta, të spërkatura me salcë chimichurri.

76. Bërxolla derri të pjekur në skarë Chimichurri

PËRBËRËSIT:

- 4 bërxolla derri me kocka
- Kripë dhe piper për shije
- 1 filxhan majdanoz i freskët, i grirë
- 1/4 filxhan cilantro e freskët, e copëtuar
- 3 thelpinj hudhre, te grira
- 1/4 filxhan uthull vere të kuqe
- 1/2 filxhan vaj ulliri
- 1 lugë çaji rigon të tharë
- 1/2 lugë çaji thekon piper të kuq (opsionale)

UDHËZIME:

a) Ngrohni grilën tuaj në nxehtësi mesatare-të lartë.
b) I rregullojmë bërxollat e derrit me kripë dhe piper.
c) Në një tas, përzieni majdanozin e grirë, cilantron, hudhrën e grirë, uthullën e verës së kuqe, vajin e ullirit, rigonin e tharë dhe thekonet e piperit të kuq për të bërë salcën chimichurri.
d) Grijini bërxollat e derrit për 5-6 minuta nga çdo anë, ose derisa të arrijnë një temperaturë të brendshme prej 145°F (63°C).
e) Hiqni bërxollat e derrit nga grili dhe lërini të pushojnë për disa minuta.
f) Shërbejmë bërxollat e derrit të pjekura në skarë, të lyera me një lugë salcë chimichurri.

77. Bërxolla qengji të pjekur në skarë Chimichurri

PËRBËRËSIT:

- 8 bërxolla qengji
- Kripë dhe piper për shije
- 1 filxhan majdanoz i freskët, i grirë
- 1/4 filxhan cilantro e freskët, e copëtuar
- 3 thelpinj hudhre, te grira
- 1/4 filxhan uthull vere të kuqe
- 1/2 filxhan vaj ulliri
- 1 lugë çaji rigon të tharë
- 1/2 lugë çaji thekon piper të kuq (opsionale)

UDHËZIME:

a) Ngrohni grilën tuaj në nxehtësi mesatare-të lartë.

b) I rregullojmë bërxollat e qengjit me kripë dhe piper.

c) Në një tas, përzieni majdanozin e grirë, cilantron, hudhrën e grirë, uthullën e verës së kuqe, vajin e ullirit, rigonin e tharë dhe thekonet e piperit të kuq për të bërë salcën chimichurri.

d) Grijini bërxollat e qengjit në skarë për 3-4 minuta nga çdo anë për të rralla mesatare, ose më gjatë në nivelin e dëshiruar të gatishmërisë.

e) Hiqni bërxollat e qengjit nga grili dhe lërini të pushojnë për disa minuta.

f) I shërbejmë bërxollat e qengjit të pjekura në skarë të nxehta, të lyera me një lugë salcë chimichurri.

78. Kaliforni Chimichurri Rib-Eye

PËRBËRËSIT:
- 2 biftekë me sy brinjë
- 1/4 filxhan salcë pesto
- 2 lugë djathë parmixhano të grirë
- 1 luge vaj ulliri

PESTO
- 2 filxhan gjethe borziloku, të paketuara
- 1/2 filxhan djathë Romano të grirë
- 1/2 filxhan vaj ulliri ekstra të virgjër
- 1/3 filxhan arra pishe
- 3 thelpinj hudhre te mesme, te grira
- kripë dhe piper i zi i bluar

UDHËZIME:
a) Vendoseni skarën tuaj për nxehtësi mesatare dhe lyejeni lehtë grilën e skarës.
b) Për peston: në një blender shtoni arrat e pishës, borzilokun dhe hudhrën dhe pulsoni derisa të grihen imët.
c) Ndërsa motori është në punë, shtoni ngadalë vajin dhe pulsoni derisa të kombinohen mirë. Shtoni djathin Romano, pak kripë dhe piper të zi dhe pulsoni derisa të kombinohen mirë.
d) Transferoni peston në një tas. Shtoni djathin parmixhano dhe përzieni mirë. Me një thikë të mprehtë, bëni një prerje horizontale brenda çdo biftek viçi për të krijuar një xhep.
e) Vendoseni përzierjen e pestos brenda xhepit të secilit biftek në mënyrë të barabartë dhe me gishtat shtypni xhepat për t'u mbyllur.
f) Spërkatni çdo xhep me vaj në mënyrë të barabartë.

g) Vendosni xhepat e biftekut në skarë rreth 4-5 inç nga elementi ngrohës.
h) Mbulojeni dhe gatuajeni në skarë për rreth 6-7 minuta nga çdo anë.
i) Hiqni biftekët nga grila dhe vendosini në një dërrasë prerëse.
j) Pritini secilën në shirita të trashë dhe shijoni.

CHIMICHURRI DHE PERIME

79. Perime të pjekura në skarë Chimichurri

PËRBËRËSIT:

- 2 qepe të mesme, të prera në katër pjesë
- 3 thelpinj hudhre, te shtypura
- 1/3 filxhan gjethe majdanoz të freskët
- 1/4 filxhan gjethe borziloku të freskët
- 2 lugë çaji trumzë të freskët
- 1/2 lugë çaji kripë
- 1/4 lugë çaji piper i zi i sapo bluar
- 2 lugë gjelle lëng limoni të freskët
- 1/2 filxhan vaj ulliri
- 1 qepë e kuqe mesatare, e përgjysmuar për së gjati, më pas e grirë në katër pjesë
- 1 patate e ëmbël mesatare, e qëruar dhe e prerë në feta 1/2 inç
- kungull i njomë i vogël, i prerë diagonalisht në feta 1/2 inç të trasha
- delli i pjekur, i përgjysmuar për së gjati, më pas i prerë në gjysmë horizontalisht

UDHËZIME:

a) Ngrohni grilin. Në një blender ose procesor ushqimi, kombinoni qepujt dhe hudhrat dhe përzieni derisa të grihen. Shtoni majdanozin, borzilokun, trumzën, kripën dhe piperin dhe pulsoni derisa të grihen imët. Shtoni lëngun e limonit dhe vajin e ullirit dhe përpunoni derisa të përzihen mirë.
b) Transferoni në një tas të vogël.
c) Lyejmë perimet me salcën Chimichurri dhe i vendosim në skarë.
d) Kthejini perimet në të njëjtin rend që i vendosni në skarë. Lyejini perimet me më shumë salcë Chimichurri dhe vazhdoni t'i zieni në skarë derisa perimet të zbuten,

rreth 10 deri në 15 minuta për çdo gjë përveç delli, gjë që duhet të bëhet për rreth 7 minuta.

e) Shërbejeni të nxehtë, të spërkatur me salcën e mbetur.

80. Pica e butë e pyllit me mikrogjelbër

PËRBËRËSIT:
- 1 brumë pica
- ½ filxhan chimichurri
- ½ filxhan djathë i freskët vegan, pjesërisht i ngrirë dhe i grirë
- 4 ons kërpudha cremini, të prera në feta
- 2 ons brokoli
- 1½ filxhan rukola
- ⅓ filxhan djathë vegan i rruar
- Përzierje e butë me mikrogjelbërime

UDHËZIME:
a) Lyejeni një lëvozhgë pice me miell misri ose miell bollguri. Ju duhet të pastroni lëkurën tuaj të picës me më shumë se sa mendoni për të shmangur ngjitjen në mënyrë që pica juaj të rrëshqasë mbi gurin e picës.
b) Niseni anash.
c) Kur të jeni gati për t'i dhënë formë brumit dhe për të ndërtuar picën tuaj, ngrohni paraprakisht furrën tuaj me gurin e picës.
d) Vendoseni gurin në të tretën e poshtme të furrës dhe ngroheni paraprakisht në 500°.
e) Pasi furra ime të jetë ngrohur paraprakisht, vendos një kohëmatës për 30 minuta.
f) Transferoni brumin e picës në një sipërfaqe të lyer me miell.
g) Shtrijeni atë në një formë pice ose mund ta ndani fillimisht përgjysmë për të bërë dy pica të veçanta. Picat më të vogla transferohen më lehtë nga lëvozhga në gurin e picës.
h) Sigurohuni që të lini një buzë ose buzë "korre".
i) Transferoni brumin në lëvozhgën e përgatitur.

j) Hidhni me lugë dhe përhapni chimichurri në qendër të picës. Top me shumicën e djathit vegan. Më pas vendosni sipër kërpudhave të prera në feta dhe lule brokolini.
k) Piqni për 6 deri në 9 minuta. Ose derisa korja të jetë e artë, djathi të jetë shkrirë dhe brokolini dhe kërpudhat janë të buta. E rrotulloj picën në gjysmë të rrugës së pjekjes.
l) Hiqeni dhe prisni në feta. Sipër shtoni rukolën, më shumë djathë, piper të zi dhe mikro-zarzavate.

81. Sallatë me perime Chimichurri në skarë

PËRBËRËSIT:
- Perime të ndryshme për pjekje (të tilla si speca zile, kungull i njomë, patëllxhan dhe domate qershi)
- Kripë dhe piper për shije
- 1 filxhan majdanoz i freskët, i grirë
- 1/4 filxhan cilantro e freskët, e copëtuar
- 3 thelpinj hudhre, te grira
- 1/4 filxhan uthull vere të kuqe
- 1/2 filxhan vaj ulliri
- 1 lugë çaji rigon të tharë
- 1/2 lugë çaji thekon piper të kuq (opsionale)

UDHËZIME:
a) Ngrohni grilën tuaj në nxehtësi mesatare-të lartë.
b) Pritini perimet në copa sa një kafshatë dhe i rregulloni me kripë dhe piper.
c) Ziejini perimet në skarë derisa të zbuten dhe të kenë shenja grilli, rreth 5-7 minuta, duke i kthyer herë pas here.
d) Ndërsa perimet piqen në skarë, përgatisni salcën chimichurri. Në një tas përzieni majdanozin e grirë, cilantron, hudhrën e grirë, uthullën e verës së kuqe, vajin e ullirit, rigonin e tharë dhe thekonet e piperit të kuq. I rregullojmë me kripë dhe piper sipas shijes.
e) Transferoni perimet e pjekura në skarë në një pjatë servirjeje dhe spërkatini me salcën chimichurri.
f) Hidheni butësisht për të lyer perimet me salcë.
g) Shërbejeni sallatën me perime të pjekur në skarë të ngrohtë ose në temperaturë ambienti.

82. Chimichurri Tofu i pjekur në skarë

PËRBËRËSIT:
- 1 bllok (14 oz) tofu tepër i fortë, i kulluar dhe i shtypur
- Kripë dhe piper për shije
- 1 filxhan majdanoz i freskët, i grirë
- 1/4 filxhan cilantro e freskët, e copëtuar
- 3 thelpinj hudhre, te grira
- 1/4 filxhan uthull vere të kuqe
- 1/2 filxhan vaj ulliri
- 1 lugë çaji rigon të tharë
- 1/2 lugë çaji thekon piper të kuq (opsionale)

UDHËZIME:
a) Ngrohni grilën tuaj në nxehtësi mesatare-të lartë.
b) Pritini tofu-në e shtypur në feta.
c) I rregullojmë fetat tofu me kripë dhe piper.
d) Në një tas, përzieni majdanozin e grirë, cilantron, hudhrën e grirë, uthullën e verës së kuqe, vajin e ullirit, rigonin e tharë dhe thekonet e piperit të kuq për të bërë salcën chimichurri.
e) Grijini fetat tofu në skarë për 4-5 minuta nga çdo anë, ose derisa të marrin ngjyrë të artë dhe të shfaqen shenjat e grilit.
f) Hiqni tofu nga grili dhe lyejini me salcën chimichurri.
g) Shërbejeni tofun e pjekur në skarë të nxehtë, me salcë shtesë chimichurri anash.

83. Skewers perimesh Chimichurri në skarë

PËRBËRËSIT:
- Perime të ndryshme për hell (të tilla si domate qershi, speca zile, kërpudha dhe kunguj të njomë)
- Kripë dhe piper për shije
- 1 filxhan majdanoz i freskët, i grirë
- 1/4 filxhan cilantro e freskët, e copëtuar
- 3 thelpinj hudhre, te grira
- 1/4 filxhan uthull vere të kuqe
- 1/2 filxhan vaj ulliri
- 1 lugë çaji rigon të tharë
- 1/2 lugë çaji thekon piper të kuq (opsionale)

UDHËZIME:
a) Ngrohni grilën tuaj në nxehtësi mesatare-të lartë.
b) Pritini perimet në copa sa një kafshatë.
c) Hidhni perimet në hell, duke alternuar lloje të ndryshme për shumëllojshmëri.
d) I rregullojmë hellet me kripë dhe piper.
e) Në një tas, përzieni majdanozin e grirë, cilantron, hudhrën e grirë, uthullën e verës së kuqe, vajin e ullirit, rigonin e tharë dhe thekonet e piperit të kuq për të bërë salcën chimichurri.
f) Grijini hellet e perimeve në skarë për 8-10 minuta, duke i kthyer herë pas here, derisa perimet të jenë të buta dhe pak të karbonizuara.
g) I heqim hellet nga grili dhe i lyejmë me salcën chimichurri.
h) Shërbejini hellet e perimeve të pjekura në skarë, të spërkatura me salcë shtesë chimichurri anash.

84. Kërpudha Portobello Chimichurri në skarë

PËRBËRËSIT:
- 4 kërpudha të mëdha portobello
- Kripë dhe piper për shije
- 1 filxhan majdanoz i freskët, i grirë
- 1/4 filxhan cilantro e freskët, e copëtuar
- 3 thelpinj hudhre, te grira
- 1/4 filxhan uthull vere të kuqe
- 1/2 filxhan vaj ulliri
- 1 lugë çaji rigon të tharë
- 1/2 lugë çaji thekon piper të kuq (opsionale)

UDHËZIME:
a) Ngrohni grilën tuaj në nxehtësi mesatare-të lartë.
b) Hiqni kërcellet nga kërpudhat portobello dhe fshijini butësisht gushat me një lugë.
c) I rregullojmë kërpudhat me kripë dhe piper.
d) Në një tas, përzieni majdanozin e grirë, cilantron, hudhrën e grirë, uthullën e verës së kuqe, vajin e ullirit, rigonin e tharë dhe thekonet e piperit të kuq për të bërë salcën chimichurri.
e) Lyejini kërpudhat nga të dyja anët me salcën chimichurri.
f) Ziejini kërpudhat në skarë për 4-5 minuta nga çdo anë, ose derisa të zbuten dhe të karbonizohen lehtë.
g) Hiqni kërpudhat nga grilli dhe shërbejini të nxehta, të spërkatura me salcë shtesë chimichurri sipas dëshirës.

85. Chimichurri speca zile të mbushura

PËRBËRËSIT:

- 4 speca zile (çdo ngjyrë), të përgjysmuara dhe të hequra farat
- Kripë dhe piper për shije
- 1 filxhan quinoa ose oriz të gatuar
- 1 filxhan domate qershi, të përgjysmuara
- 1/2 filxhan fasule të zeza, të kulluara dhe të shpëlarë
- 1/4 filxhan kokrra misri (të freskëta ose të ngrira)
- 1/4 filxhan qepë të kuqe të prerë në kubikë
- 1 filxhan majdanoz i freskët, i grirë
- 1/4 filxhan cilantro e freskët, e copëtuar
- 3 thelpinj hudhre, te grira
- 1/4 filxhan uthull vere të kuqe
- 1/2 filxhan vaj ulliri
- 1 lugë çaji rigon të tharë
- 1/2 lugë çaji thekon piper të kuq (opsionale)

UDHËZIME:

a) Ngrohni furrën tuaj në 375°F (190°C).
b) Vendosni gjysmat e specit zile në një enë pjekjeje, me anën e prerë lart.
c) I rregullojmë specat zile me kripë dhe piper.
d) Në një tas të madh, bashkoni quinoan ose orizin e gatuar, domatet qershi, fasulet e zeza, kokrrat e misrit dhe qepën e kuqe të prerë në kubikë.
e) Në një tas të veçantë, përzieni së bashku majdanozin e grirë, cilantro, hudhrën e grirë, uthullën e verës së kuqe, vajin e ullirit, rigonin e tharë dhe thekonet e piperit të kuq për të bërë salcën chimichurri.
f) Hidhni salcën chimichurri mbi përzierjen e quinoas ose orizit dhe hidheni të mbulohet në mënyrë të barabartë.

g) Hidhni me lugë përzierjen e quinoas ose orizit në secilën gjysmë speci zile derisa të mbushen.
h) Mbulojeni enën e pjekjes me fletë metalike dhe piqeni në furrën e nxehur më parë për 25-30 minuta, ose derisa specat të zbuten.
i) Hiqini nga furra dhe lërini të ftohen për disa minuta para se t'i shërbeni.
j) Shërbejini specat zile të mbushura chimichurri të nxehtë, të zbukuruar me majdanoz shtesë të grirë nëse dëshironi.

86. Anije me kunguj të njomë Chimichurri

PËRBËRËSIT:
- 4 kunguj të njomë të mëdhenj
- Kripë dhe piper për shije
- 1 filxhan quinoa ose oriz të gatuar
- 1 filxhan domate qershi, të përgjysmuara
- 1/2 filxhan fasule të zeza, të kulluara dhe të shpëlarë
- 1/4 filxhan kokrra misri (të freskëta ose të ngrira)
- 1/4 filxhan qepë të kuqe të prerë në kubikë
- 1 filxhan majdanoz i freskët, i grirë
- 1/4 filxhan cilantro e freskët, e copëtuar
- 3 thelpinj hudhre, te grira
- 1/4 filxhan uthull vere të kuqe
- 1/2 filxhan vaj ulliri
- 1 lugë çaji rigon të tharë
- 1/2 lugë çaji thekon piper të kuq (opsionale)

UDHËZIME:
a) Ngrohni furrën tuaj në 375°F (190°C).
b) Pritini kungull i njomë në gjysmë për së gjati dhe hiqni mishin për të krijuar një qendër të zbrazët.
c) Vendosni gjysmat e kungujve në një enë pjekjeje, me anën e prerë lart.
d) I rregullojmë gjysmat e kungujve të njomë me kripë dhe piper.
e) Në një tas të madh, bashkoni quinoan ose orizin e gatuar, domatet qershi, fasulet e zeza, kokrrat e misrit dhe qepën e kuqe të prerë në kubikë.
f) Në një tas të veçantë, përzieni së bashku majdanozin e grirë, cilantro, hudhrën e grirë, uthullën e verës së kuqe, vajin e ullirit, rigonin e tharë dhe thekonet e piperit të kuq për të bërë salcën chimichurri.

g) Hidhni salcën chimichurri mbi përzierjen e quinoas ose orizit dhe hidheni të mbulohet në mënyrë të barabartë.
h) Hidhni me lugë përzierjen e quinoas ose orizit në secilën gjysmë të kungujve derisa të mbushen.
i) Mbulojeni enën e pjekjes me fletë metalike dhe piqini në furrën e nxehur më parë për 25-30 minuta, ose derisa kungull i njomë të zbutet.
j) Hiqini nga furra dhe lërini të ftohen për disa minuta para se t'i shërbeni.
k) Shërbejini varkat me kunguj të njomë të mbushura me chimichurri të nxehta, të zbukuruara me majdanoz shtesë të grirë nëse dëshironi.

87. Biftekët e lulelakrës Chimichurri

PËRBËRËSIT:
- 1 kokë e madhe lulelakër
- Kripë dhe piper për shije
- 1 filxhan majdanoz i freskët, i grirë
- 1/4 filxhan cilantro e freskët, e copëtuar
- 3 thelpinj hudhre, te grira
- 1/4 filxhan uthull vere të kuqe
- 1/2 filxhan vaj ulliri
- 1 lugë çaji rigon të tharë
- 1/2 lugë çaji thekon piper të kuq (opsionale)

UDHËZIME:
a) Ngrohni furrën tuaj në 425°F (220°C).
b) Hiqni gjethet nga lulelakra dhe shkurtoni fundin e kërcellit në mënyrë që të qëndrojë e sheshtë.
c) Prisni lulelakrën në feta 1 inç të trasha për të krijuar "bifteke".
d) Vendosni biftekët e lulelakrës në një tepsi të veshur me letër furre.
e) I rregullojmë biftekët e lulelakrës me kripë dhe piper.
f) Në një tas, përzieni majdanozin e grirë, cilantron, hudhrën e grirë, uthullën e verës së kuqe, vajin e ullirit, rigonin e tharë dhe thekonet e piperit të kuq për të bërë salcën chimichurri.
g) Lyejeni salcën chimichurri mbi biftekët e lulelakrës, duke i rezervuar disa për servirje.
h) Piqeni në furrën e nxehur më parë për 25-30 minuta, ose derisa lulelakra të jetë e butë dhe e karamelizuar, duke e kthyer përgjysmë.
i) Hiqini nga furra dhe lërini të ftohen për disa minuta.
j) Shërbejini biftekët e lulelakrës chimichurri të nxehtë, të spërkatur me salcë shtesë chimichurri.

88. Shparg Chimichurri i pjekur në skarë

PËRBËRËSIT:

- 1 tufë asparagus, skajet e forta të prera
- Kripë dhe piper për shije
- 1 filxhan majdanoz i freskët, i grirë
- 1/4 filxhan cilantro e freskët, e copëtuar
- 3 thelpinj hudhre, te grira
- 1/4 filxhan uthull vere të kuqe
- 1/2 filxhan vaj ulliri
- 1 lugë çaji rigon të tharë
- 1/2 lugë çaji thekon piper të kuq (opsionale)

UDHËZIME:

a) Ngrohni grilën tuaj në nxehtësi mesatare-të lartë.
b) Vendosni shtizat e shpargut në një tepsi dhe spërkatini me vaj ulliri. I rregullojmë me kripë dhe piper.
c) Shtizat e shpargut i zieni në skarë për 3-4 minuta nga çdo anë, ose derisa të zbuten dhe të karbonizohen.
d) Në një tas, përzieni majdanozin e grirë, cilantron, hudhrën e grirë, uthullën e verës së kuqe, vajin e ullirit, rigonin e tharë dhe thekonet e piperit të kuq për të bërë salcën chimichurri.
e) Hidhni salcën chimichurri mbi shpargujt e pjekur në skarë dhe shërbejeni menjëherë.

89. Lakrat e Brukselit të pjekura Chimichurri

PËRBËRËSIT:
- 1 lb lakër brukseli, të prera dhe të përgjysmuara
- 2 luge vaj ulliri
- Kripë dhe piper për shije
- 1 filxhan majdanoz i freskët, i grirë
- 1/4 filxhan cilantro e freskët, e copëtuar
- 3 thelpinj hudhre, te grira
- 1/4 filxhan uthull vere të kuqe
- 1/2 filxhan vaj ulliri
- 1 lugë çaji rigon të tharë
- 1/2 lugë çaji thekon piper të kuq (opsionale)

UDHËZIME:
a) Ngrohni furrën tuaj në 400°F (200°C).
b) Në një tas të madh, hidhni lakrat e Brukselit me vaj ulliri, kripë dhe piper derisa të mbulohen në mënyrë të barabartë.
c) Përhapeni lakrat e Brukselit në një shtresë të vetme në një fletë pjekjeje.
d) Piqini në furrën e nxehur më parë për 25-30 minuta, ose derisa lakrat e Brukselit të zbuten dhe të marrin ngjyrë kafe të artë, duke i përzier në gjysmë të rrugës.
e) Në një tas, përzieni majdanozin e grirë, cilantron, hudhrën e grirë, uthullën e verës së kuqe, vajin e ullirit, rigonin e tharë dhe thekonet e piperit të kuq për të bërë salcën chimichurri.
f) Hidhni salcën chimichurri mbi lakrat e pjekura të Brukselit dhe hidhini në shtresë.
g) Shërbejini lakrat e Brukselit të pjekura chimichurri të nxehta, të zbukuruara me majdanoz shtesë të grirë nëse dëshironi.

90. Mbështjelljet me perime Chimichurri

PËRBËRËSIT:

- 4 tortilla të mëdha me miell
- 2 gota quinoa ose oriz të gatuar
- 1 filxhan domate qershi, të përgjysmuara
- 1/2 filxhan fasule të zeza, të kulluara dhe të shpëlarë
- 1/4 filxhan kokrra misri (të freskëta ose të ngrira)
- 1/4 filxhan qepë të kuqe të prerë në kubikë
- 1 filxhan majdanoz i freskët, i grirë
- 1/4 filxhan cilantro e freskët, e copëtuar
- 3 thelpinj hudhre, te grira
- 1/4 filxhan uthull vere të kuqe
- 1/2 filxhan vaj ulliri
- 1 lugë çaji rigon të tharë
- 1/2 lugë çaji thekon piper të kuq (opsionale)
- Mbushje opsionale: feta avokado, marule të grira, speca zile të prera në kubikë

UDHËZIME:

a) Në një tas të madh, bashkoni quinoan ose orizin e gatuar, domatet qershi, fasulet e zeza, kokrrat e misrit dhe qepën e kuqe të prerë në kubikë.

b) Në një tas të veçantë, përzieni së bashku majdanozin e grirë, cilantro, hudhrën e grirë, uthullën e verës së kuqe, vajin e ullirit, rigonin e tharë dhe thekonet e piperit të kuq për të bërë salcën chimichurri.

c) Hidhni salcën chimichurri mbi përzierjen e quinoa-s dhe hidheni të mbulohet në mënyrë të barabartë.

d) Ngroheni tortillat me miell në një tigan të thatë ose mikrovalë.

e) Hidhni me lugë përzierjen e chimichurri quinoa-s mbi secilën tortilla dhe shtoni çdo mbushje të dëshiruar.

f) Rrotulloni fort tortillat për të formuar mbështjellje.

g) Shërbejini menjëherë mbështjelljet e perimeve chimichurri, të prera në gjysmë nëse dëshironi.

91. Misër i pjekur në skarë Chimichurri

PËRBËRËSIT:
- 4 kallinj misri, të zhveshur
- Kripë dhe piper për shije
- 1 filxhan majdanoz i freskët, i grirë
- 1/4 filxhan cilantro e freskët, e copëtuar
- 3 thelpinj hudhre, te grira
- 1/4 filxhan uthull vere të kuqe
- 1/2 filxhan vaj ulliri
- 1 lugë çaji rigon të tharë
- 1/2 lugë çaji thekon piper të kuq (opsionale)

UDHËZIME:
a) Ngrohni grilën tuaj në nxehtësi mesatare-të lartë.
b) I rregullojmë misrin me kripë dhe piper.
c) Në një tas, përzieni majdanozin e grirë, cilantron, hudhrën e grirë, uthullën e verës së kuqe, vajin e ullirit, rigonin e tharë dhe thekonet e piperit të kuq për të bërë salcën chimichurri.
d) Grini misrin në skarë për 10-12 minuta, duke e kthyer herë pas here, derisa të karbonizohet në pika dhe të gatuhet.
e) Hiqini nga grila dhe lërini të ftohen pak.
f) Lyeni me furçë salcën chimichurri mbi misrin e pjekur në skarë, duke i rezervuar disa për servirje.
g) Shërbejeni misrin e pjekur në skarë në kalli të nxehtë, me salcë shtesë chimichurri anash.

92. Chimichurri Ratatouille

PËRBËRËSIT:
- 1 patëllxhan të prerë në kubikë
- 2 kunguj të njomë, të prera në kubikë
- 1 kungull i verdhë i prerë në kubikë
- 1 spec i kuq zile, i prerë në kubikë
- 1 spec zile të verdhë, të prerë në kubikë
- 1 qepë e prerë në kubikë
- 3 thelpinj hudhre, te grira
- Kripë dhe piper për shije
- 1 filxhan majdanoz i freskët, i grirë
- 1/4 filxhan cilantro e freskët, e copëtuar
- 1/4 filxhan uthull vere të kuqe
- 1/2 filxhan vaj ulliri
- 1 lugë çaji rigon të tharë
- 1/2 lugë çaji thekon piper të kuq (opsionale)

UDHËZIME:
a) Ngrohni furrën tuaj në 375°F (190°C).
b) Në një enë të madhe për pjekje, bashkoni patëllxhanë të prerë në kubikë, kungull i njomë, kungull të verdhë, speca zile, qepë dhe hudhër të grirë.
c) I rregullojmë perimet me kripë dhe piper.
d) Në një tas, përzieni majdanozin e grirë, cilantron, uthullën e verës së kuqe, vajin e ullirit, rigonin e tharë dhe thekonet e piperit të kuq për të bërë salcën chimichurri.
e) Hidhni salcën chimichurri mbi perimet dhe hidhini të mbulohen në mënyrë të barabartë.
f) Mbulojeni enën e pjekjes me fletë metalike dhe piqini në furrën e nxehur më parë për 45-50 minuta, duke i përzier deri në gjysmë të rrugës ose derisa perimet të zbuten.

g) Hiqeni nga furra dhe lëreni të ftohet për disa minuta përpara se ta shërbeni.
h) Shërbejeni chimichurri ratatouille të ngrohtë, të zbukuruar me majdanoz shtesë të grirë nëse dëshironi.

SUPAT CHIMICHURRI

93. Supë pule Chimichurri

PËRBËRËSIT:
- 1 luge vaj ulliri
- 1 qepë e prerë në kubikë
- 2 karota, të prera në kubikë
- 2 bishta selino të prera në kubikë
- 3 thelpinj hudhre, te grira
- 6 gota lëng pule
- 2 gota pule të gatuar, të grirë ose të prerë në kubikë
- Kripë dhe piper për shije
- 1 filxhan majdanoz i freskët, i grirë
- 1/4 filxhan cilantro e freskët, e copëtuar
- 3 thelpinj hudhre, te grira
- 1/4 filxhan uthull vere të kuqe
- 1/2 filxhan vaj ulliri
- 1 lugë çaji rigon të tharë
- 1/2 lugë çaji thekon piper të kuq (opsionale)

UDHËZIME:
a) Ngrohni vajin e ullirit në një tenxhere të madhe mbi nxehtësinë mesatare. Shtoni qepën, karotat dhe selinon dhe ziejini derisa të zbuten, rreth 5 minuta.
b) Shtoni hudhrën e grirë dhe gatuajeni për një minutë shtesë.
c) Hidhni lëngun e pulës dhe lëreni supën të ziejë.
d) Shtoni pulën e gatuar në tenxhere dhe lëreni të ziejë për 10-15 minuta në mënyrë që shijet të bashkohen.
e) E rregullojmë supën me kripë dhe piper sipas shijes.
f) Në një blender ose përpunues ushqimi, kombinoni majdanozin e copëtuar, cilantro, hudhrën e grirë, uthullën e verës së kuqe, vajin e ullirit, rigonin e tharë dhe thekon piper të kuq. Përziejini derisa të jetë homogjene për të bërë salcën chimichurri.

g) Hidheni supën në tasa dhe spërkatni çdo shërbim me një lugë salcë chimichurri.

h) Shërbejeni supën e pulës chimichurri të nxehtë, me bukë kore anash.

94. Supë me fasule të zezë Chimichurri

PËRBËRËSIT:

- 1 luge vaj ulliri
- 1 qepë e prerë në kubikë
- 2 thelpinj hudhre, te grira
- 2 kanaçe (15 ons secila) fasule të zeza, të kulluara dhe të shpëlarë
- 4 gota supë perimesh
- 1 lugë çaji qimnon i bluar
- 1/2 lugë çaji paprika e tymosur
- Kripë dhe piper për shije
- 1 filxhan majdanoz i freskët, i grirë
- 1/4 filxhan cilantro e freskët, e copëtuar
- 3 thelpinj hudhre, te grira
- 1/4 filxhan uthull vere të kuqe
- 1/2 filxhan vaj ulliri
- 1 lugë çaji rigon të tharë
- 1/2 lugë çaji thekon piper të kuq (opsionale)

UDHËZIME:

a) Ngrohni vajin e ullirit në një tenxhere të madhe mbi nxehtësinë mesatare. Shtoni qepën e prerë në kubikë dhe gatuajeni derisa të zbutet, rreth 5 minuta.

b) Shtoni hudhrën e grirë në tenxhere dhe gatuajeni për një minutë shtesë.

c) Shtoni në tenxhere fasulet e zeza, lëngun e perimeve, qimnonin e bluar dhe paprikën e tymosur. Lëreni supën të ziejë.

d) Lëreni supën të ziejë për 15-20 minuta në mënyrë që shijet të zhvillohen, duke e përzier herë pas here.

e) E rregullojmë supën me kripë dhe piper sipas shijes.

f) Në një blender ose përpunues ushqimi, kombinoni majdanozin e copëtuar, cilantro, hudhrën e grirë, uthullën e verës së kuqe, vajin e ullirit, rigonin e tharë dhe thekon piper të kuq. Përziejini derisa të jetë homogjene për të bërë salcën chimichurri.

g) Hidhni supën me fasule të zeza në tasa dhe spërkatni çdo shërbim me një lugë salcë chimichurri.

h) Shërbejeni supën me fasule të zezë chimichurri të nxehtë, të zbukuruar me cilantro shtesë të copëtuar nëse dëshironi.

95. Supë me thjerrëza Chimichurri

PËRBËRËSIT:
- 1 luge vaj ulliri
- 1 qepë e prerë në kubikë
- 2 karota, të prera në kubikë
- 2 bishta selino të prera në kubikë
- 3 thelpinj hudhre, te grira
- 1 filxhan thjerrëza të thata jeshile ose kafe, të shpëlarë
- 6 gota supë perimesh
- Kripë dhe piper për shije
- 1 filxhan majdanoz i freskët, i grirë
- 1/4 filxhan cilantro e freskët, e copëtuar
- 3 thelpinj hudhre, te grira
- 1/4 filxhan uthull vere të kuqe
- 1/2 filxhan vaj ulliri
- 1 lugë çaji rigon të tharë
- 1/2 lugë çaji thekon piper të kuq (opsionale)

UDHËZIME:
a) Ngrohni vajin e ullirit në një tenxhere të madhe mbi nxehtësinë mesatare. Shtoni qepën e prerë në kubikë, karotat dhe selinon dhe ziejini derisa të zbuten, rreth 5 minuta.

b) Shtoni hudhrën e grirë në tenxhere dhe gatuajeni për një minutë shtesë.

c) Shtoni në tenxhere thjerrëzat dhe lëngun e perimeve. Lëreni supën të ziejë.

d) Lëreni supën të ziejë për 25-30 minuta, ose derisa thjerrëzat të zbuten, duke i përzier herë pas here.

e) E rregullojmë supën me kripë dhe piper sipas shijes.

f) Në një blender ose përpunues ushqimi, kombinoni majdanozin e copëtuar, cilantro, hudhrën e grirë, uthullën e verës së kuqe, vajin e ullirit, rigonin e tharë dhe thekon piper të kuq. Përziejini derisa të jetë homogjene për të bërë salcën chimichurri.

g) Hidhni supën me thjerrëza në tasa dhe spërkatni çdo shërbim me një lugë salcë chimichurri.

h) Shërbejeni supën me thjerrëza chimichurri të nxehtë, me bukë kore anash.

96. Supë me domate Chimichurri

PËRBËRËSIT:
- 1 luge vaj ulliri
- 1 qepë e prerë në kubikë
- 2 thelpinj hudhre, te grira
- 2 kanaçe (15 ons secila) domate të prera në kubikë
- 4 gota supë perimesh
- 1 lugë çaji borzilok të tharë
- 1/2 lugë çaji rigon të tharë
- Kripë dhe piper për shije
- 1 filxhan majdanoz i freskët, i grirë
- 1/4 filxhan cilantro e freskët, e copëtuar
- 3 thelpinj hudhre, te grira
- 1/4 filxhan uthull vere të kuqe
- 1/2 filxhan vaj ulliri
- 1 lugë çaji rigon të tharë
- 1/2 lugë çaji thekon piper të kuq (opsionale)

UDHËZIME:
a) Ngrohni vajin e ullirit në një tenxhere të madhe mbi nxehtësinë mesatare. Shtoni qepën e prerë në kubikë dhe gatuajeni derisa të zbutet, rreth 5 minuta.

b) Shtoni hudhrën e grirë në tenxhere dhe gatuajeni për një minutë shtesë.

c) Shtoni në tenxhere domatet e prera në kubikë, lëngun e perimeve, borzilokun e tharë dhe rigonin e tharë. Lëreni supën të ziejë.

d) Lëreni supën të ziejë për 15-20 minuta në mënyrë që shijet të zhvillohen, duke e përzier herë pas here.

e) E rregullojmë supën me kripë dhe piper sipas shijes.

f) Në një blender ose përpunues ushqimi, kombinoni majdanozin e copëtuar, cilantro, hudhrën e grirë, uthullën e verës së kuqe, vajin e ullirit, rigonin e tharë dhe thekon piper të kuq. Përziejini derisa të jetë homogjene për të bërë salcën chimichurri.

g) Hidhni supën e domates në tasa dhe spërkatni çdo shërbim me një lugë salcë chimichurri.

h) Shërbejeni supën me domate chimichurri të nxehtë, të zbukuruar me majdanoz shtesë të grirë sipas dëshirës.

97. Supë me perime Chimichurri

PËRBËRËSIT:
- 1 luge vaj ulliri
- 1 qepë e prerë në kubikë
- 2 karota, të prera në kubikë
- 2 bishta selino të prera në kubikë
- 2 thelpinj hudhre, te grira
- 1 kungull i njomë, i prerë në kubikë
- 1 kungull i verdhë i prerë në kubikë
- 6 gota supë perimesh
- Kripë dhe piper për shije
- 1 filxhan majdanoz i freskët, i grirë
- 1/4 filxhan cilantro e freskët, e copëtuar
- 3 thelpinj hudhre, te grira
- 1/4 filxhan uthull vere të kuqe
- 1/2 filxhan vaj ulliri
- 1 lugë çaji rigon të tharë
- 1/2 lugë çaji thekon piper të kuq (opsionale)

UDHËZIME:
a) Ngrohni vajin e ullirit në një tenxhere të madhe mbi nxehtësinë mesatare. Shtoni qepën e prerë në kubikë, karotat dhe selinon dhe ziejini derisa të zbuten, rreth 5 minuta.
b) Shtoni hudhrën e grirë në tenxhere dhe gatuajeni për një minutë shtesë.
c) Shtoni në tenxhere kungullin e njomë të prerë në kubikë dhe kungujt e verdhë dhe gatuajeni edhe për 2-3 minuta.
d) Hidhni lëngun e perimeve dhe lëreni supën të ziejë.
e) Lëreni supën të ziejë për 15-20 minuta, ose derisa perimet të zbuten, duke e përzier herë pas here.
f) E rregullojmë supën me kripë dhe piper sipas shijes.

g) Në një blender ose përpunues ushqimi, kombinoni majdanozin e copëtuar, cilantro, hudhrën e grirë, uthullën e verës së kuqe, vajin e ullirit, rigonin e tharë dhe thekon piper të kuq. Përziejini derisa të jetë homogjene për të bërë salcën chimichurri.
h) Hidhni supën me perime në tasa dhe spërkatni çdo shërbim me një lugë salcë chimichurri.
i) Shërbejeni supën me perime chimichurri të nxehtë, me bukë kore anash.

98. Supë me patate Chimichurri

PËRBËRËSIT:

- 2 lugë gjelle gjalpë
- 1 qepë e prerë në kubikë
- 2 thelpinj hudhre, te grira
- 4 gota patate të prera në kubikë
- 4 gota supë perimesh
- Kripë dhe piper për shije
- 1 filxhan majdanoz i freskët, i grirë
- 1/4 filxhan cilantro e freskët, e copëtuar
- 3 thelpinj hudhre, te grira
- 1/4 filxhan uthull vere të kuqe
- 1/2 filxhan vaj ulliri
- 1 lugë çaji rigon të tharë
- 1/2 lugë çaji thekon piper të kuq (opsionale)

UDHËZIME:

a) Në një tenxhere të madhe shkrini gjalpin në zjarr mesatar. Shtoni qepën e prerë në kubikë dhe gatuajeni derisa të zbutet, rreth 5 minuta.

b) Shtoni hudhrën e grirë në tenxhere dhe gatuajeni për një minutë shtesë.

c) Shtoni në tenxhere patatet e prera në kubikë dhe lëngun e perimeve. Lëreni supën të ziejë.

d) Lëreni supën të ziejë për 15-20 minuta, ose derisa patatet të zbuten, duke e përzier herë pas here.

e) E rregullojmë supën me kripë dhe piper sipas shijes.

f) Në një blender ose përpunues ushqimi, kombinoni majdanozin e copëtuar, cilantro, hudhrën e grirë, uthullën e verës së kuqe, vajin e ullirit, rigonin e tharë dhe thekon piper të kuq. Përziejini derisa të jetë homogjene për të bërë salcën chimichurri.

g) Hidhni supën me patate në tasa dhe spërkatni çdo shërbim me një lugë salcë chimichurri.

h) Shërbejeni supën me patate chimichurri të nxehtë, të zbukuruar me majdanoz shtesë të grirë nëse dëshironi.

99. Chowder misri Chimichurri

PËRBËRËSIT:
- 2 lugë gjelle gjalpë
- 1 qepë e prerë në kubikë
- 2 thelpinj hudhre, te grira
- 4 gota kokrra misri të freskët ose të ngrirë
- 4 gota supë perimesh
- Kripë dhe piper për shije
- 1 filxhan majdanoz i freskët, i grirë
- 1/4 filxhan cilantro e freskët, e copëtuar
- 3 thelpinj hudhre, te grira
- 1/4 filxhan uthull vere të kuqe
- 1/2 filxhan vaj ulliri
- 1 lugë çaji rigon të tharë
- 1/2 lugë çaji thekon piper të kuq (opsionale)

UDHËZIME:
a) Në një tenxhere të madhe shkrini gjalpin në zjarr mesatar. Shtoni qepën e prerë në kubikë dhe gatuajeni derisa të zbutet, rreth 5 minuta.
b) Shtoni hudhrën e grirë në tenxhere dhe gatuajeni për një minutë shtesë.
c) Shtoni në tenxhere kokrrat e misrit dhe lëngun e perimeve. Lëreni supën të ziejë.
d) Lëreni supën të ziejë për 15-20 minuta, duke e përzier herë pas here.
e) E rregullojmë supën me kripë dhe piper sipas shijes.
f) Në një blender ose përpunues ushqimi, kombinoni majdanozin e copëtuar, cilantro, hudhrën e grirë, uthullën e verës së kuqe, vajin e ullirit, rigonin e tharë dhe thekon piper të kuq. Përziejini derisa të jetë homogjene për të bërë salcën chimichurri.

g) Hidhni kaskën e misrit në tasa dhe spërkatni çdo shërbim me një lugë salcë chimichurri.

h) Shërbejeni kaçkën e misrit chimichurri të nxehtë, të zbukuruar me cilantro shtesë të copëtuar nëse dëshironi.

100. Supë me kunguj me gjalpë Chimichurri

PËRBËRËSIT:

- 2 luge vaj ulliri
- 1 qepë e prerë në kubikë
- 2 thelpinj hudhre, te grira
- 4 gota kunguj gjalpë të prera në kubikë
- 4 gota supë perimesh
- Kripë dhe piper për shije
- 1 filxhan majdanoz i freskët, i grirë
- 1/4 filxhan cilantro e freskët, e copëtuar
- 3 thelpinj hudhre, te grira
- 1/4 filxhan uthull vere të kuqe
- 1/2 filxhan vaj ulliri
- 1 lugë çaji rigon të tharë
- 1/2 lugë çaji thekon piper të kuq (opsionale)

UDHËZIME:

a) Në një tenxhere të madhe ngrohni vajin e ullirit në zjarr mesatar. Shtoni qepën e prerë në kubikë dhe gatuajeni derisa të zbutet, rreth 5 minuta.

b) Shtoni hudhrën e grirë në tenxhere dhe gatuajeni për një minutë shtesë.

c) Shtoni në tenxhere kungujt e gjalpës të prerë në kubikë dhe lëngun e perimeve. Lëreni supën të ziejë.

d) Lëreni supën të ziejë për 20-25 minuta, ose derisa kungulli i gjalpit të zbutet, duke e përzier herë pas here.

e) E rregullojmë supën me kripë dhe piper sipas shijes.

f) Në një blender ose përpunues ushqimi, kombinoni majdanozin e copëtuar, cilantro, hudhrën e grirë, uthullën e verës së kuqe, vajin e ullirit, rigonin e tharë dhe thekon piper të kuq. Përziejini derisa të jetë homogjene për të bërë salcën chimichurri.

g) Hidhni supën e kungujve me gjalpë në tasa dhe spërkatni çdo shërbim me një lugë salcë chimichurri.

h) Shërbejeni supën me kunguj me gjalpë chimichurri të nxehtë, të zbukuruar me majdanoz shtesë të grirë nëse dëshironi.

PËRFUNDIM

Ndërsa arrini në fund të "LIBËR GATIMIN CHIMICHURRI", shpresojmë që të jeni frymëzuar për të përqafuar shkathtësinë dhe gjallërinë e chimichurri në aventurat tuaja të kuzhinës. Nga bifteket klasikë të pjekur në skarë deri te pjatat inovative vegjetariane, chimichurri është dëshmuar të jetë një shtesë e gjithanshme dhe e shijshme për çdo vakt.

Por udhëtimi ynë nuk mbaron këtu. Ndërsa vazhdoni të eksploroni botën e chimichurri në kuzhinën tuaj, ne ju inkurajojmë të eksperimentoni, inovoni dhe bëni çdo recetë tuajën. Pavarësisht nëse jeni duke rregulluar raportet e bimëve, duke eksploruar kombinime të reja shijesh ose duke zbuluar çifte të papritura, lëreni krijimtarinë tuaj t'ju udhëheqë ndërsa zhbllokoni potencialin e plotë të chimichurri.

Falemindërit që u bashkuat me ne në këtë udhëtim të shijshëm nëpër botën e chimichurri. Krijimet tuaja të kuzhinës qofshin të mbushura me shije të gjalla, barishte aromatike dhe shije të pagabueshme të salcës chimichurri. Derisa të takohemi sërish, gatim të mbarë dhe buen provecho!

www.ingramcontent.com/pod-product-compliance
Lightning Source LLC
Chambersburg PA
CBHW070657120526
44590CB00013BA/1004